L'ENNEMI INVISIBLE

Du même auteur

Géant-Environnement (Coll. Jeunesse collectif), Hachette, 1992.
Histoire de notre planète, Perrin, 1992.
La planète Terre (Coll. "Jeunesse"), Fleurus, 1993.
Le ciel et l'espace (Coll. "Jeunesse"), Fleurus, 1993.
Von Braun contre Korolev (avec J. R. Germain), Perrin, 1994.
Guide du ciel, Ouest-France, 1994.
Apocalypse rouge, Critérion, 1995.
Les abysses, Fleurus, 1996.
Ultime terreur, Critérion, 1996.
L'aventure des explorateurs, Fleurus, 1996.
Voyage d'une goutte d'eau, Fleurus, 1997.
Prévoir le temps en dix leçons, Minerva, 1998.
Le Ciel (Aventure-Nature), Fleurus, 1999.
Mir, La dernière mission, Calmann-Lévy, 2000.
Poitou-Charentes ("Itinéraires de découverte"), Ouest-France, 2001.
Le ciel (Nature & Découverte), Ouest-France, 2001.
La météo (Nature & Découverte), Ouest-France, 2001.
L'Imposture verte, Albin-Michel, 2002.

Pierre Kohler

L'ENNEMI INVISIBLE

Notre prochain cauchemar : le bioterrorisme

Éditions Balland

33, rue Saint-André-des-Arts
75006 Paris

Sommaire

Chapitre 1

Alerte au charbon

4 octobre 2001. Voilà maintenant trois semaines et deux jours que les hautes tours jumelles qui faisaient la fierté de New York se sont effondrées. Sur « Ground zero », dans leurs ruines encore fumantes, les pompiers et les sauveteurs continuent de s'affairer.

À 1700 kilomètres de là, l'atmosphère est plus paisible. L'automne est beau, en Floride. La petite cité de Boca Raton, dans la banlieue de Miami, semble bien loin du drame qui a frappé la grande métropole américaine. Bien sûr, tout le monde suit l'actualité, mais que pourrait-il bien se passer ici ?

Comme chaque jour Robert Stevens, 63 ans, responsable du service photo du tabloïd « The Sun », se gare devant l'immeuble du 5401 Broken sound Bd, à Boca Raton. C'est là que se trouve le siège du groupe de presse American Media, qui publie entre autres ce magazine à sensation distribué dans les supermarchés. Et quand Robert Stevens, un instant plus tard, s'installe devant son ordinateur, il est très loin de se douter que la mort l'attend. Les touches du clavier sont saupoudrées de microscopiques pièges : des spores de 3 microns – 3 millièmes de millimètres – de diamètre, totalement invisibles à l'œil nu. Dès les premières frappes, le mal est fait...

L'enquête révèlera qu'une semaine avant les attentats à New York et Washington, une enveloppe contenant une étrange lettre d'amour avait été reçue par l'actrice Jennifer Lopez, qui habite le même immeuble, et que cette enveloppe emplie d'une substance ayant l'apparence de la lessive en poudre était passée entre les mains de M. Stevens. Sans doute celle-ci renfermait-elle ces spores mortelles du bacille charbonneux.

Plus tard, on découvre le bacille de l'anthrax chez un de ses collègues, une femme de 35 ans, qui travaillait également pour le groupe American Media. La situation est alors prise très au sérieux, et un ruban jaune est immédiatement déroulé autour de l'immeuble pour délimiter un périmètre de sécurité, tandis qu'une vingtaine de voitures de police barrent les accès. Sur le parking, on peut compter six camions de pompiers et des dizaines de véhicules du FBI aux vitres teintées. Des hommes aux allures d'astronautes revêtus de combinaisons blanches, avec système de respiration autonome, vont et viennent entre l'immeuble et le parking où se tient un camion-laboratoire.

Tous ceux – près de 800 personnes – qui depuis le 1er août ont passé plus d'une heure dans l'immeuble qui héberge le groupe de presse doivent alors se soumettre à des analyses. Une mesure qui s'avérera justifiée car sept personnes possédaient des anticorps d'anthrax dans le sang. Parmi elles, Ernesto Blanco, 73 ans, employé au service du courrier. Il sera hospitalisé sur le champ car il présente déjà les symptômes de la maladie du charbon, provoquée par ce bacille de l'anthrax.

**

Nombreux en Amérique sont ceux qui, ce jour-là, entendent parler de l'anthrax pour la première fois. Pourtant, bien avant ce mois d'octobre 2001, plusieurs cas avaient déjà été signalés.

Las Vegas, la capitale du jeu, connut ainsi une alerte à l'anthrax trois ans auparavant, quand la police arrêta deux hommes en possession de ce que l'on pensait être une dose de bacille du charbon. Les tests révélèrent qu'il s'agissait en fait d'un vaccin utilisé par les vétérinaires contre l'anthrax animal.

Toujours en 1998, en mars, une autre alerte au charbon fut déclenchée à Phœnix, en Arizona, lorsqu'une banque reçut une lettre contenant également des spores de ce *Bacillus anthracis*. Neuf employés et un officier de police durent être décontaminés à l'hôpital et traités médicalement contre l'anthrax. L'analyse ne révéla cependant aucune trace du bacille. L'expéditeur, rapidement identifié, fut arrêté par le FBI. Une autre alerte survint un peu plus tard dans l'année, au palais de Justice de la ville.

Il y eut aussi des canulars. Par exemple en mars 2000 à Tucson, également dans l'Arizona : une fiole suspecte fut trouvée près d'une fontaine d'eau sur le campus de l'université, portant l'inscription « virus Ebola » (un virus souvent associé au sida et provoquant une fièvre hémorragique) mais son contenu était inoffensif. D'autres canulars se sont produits par la suite, toujours en Arizona. Trois mois plus tard deux nouvelles alertes bioterroristes étaient reçues à Rhode Island, qui se sont révélées sans fondement, mais ont quelque peu perturbé la vie locale et les affaires. Ce n'était donc pas la première fois que l'Amérique vivait des alertes à l'anthrax. Plus récemment encore, en février 2001, un habitant du Massachusetts reçut une enveloppe contenant une poudre non identifiée, accompagnée d'une note affirmant qu'il s'agissait d'anthrax ; c'était en réalité de la levure...

À partir de l'automne 1998, surtout, les États-Unis furent confrontés, sans que l'on sache pourquoi, à une épidémie de fausses alertes à l'anthrax. Neil Gallagher, directeur adjoint du FBI en charge de la sécurité nationale, révéla qu'il ne se passait plus une journée sans que l'un de ces canulars ne soit enregistré : les cliniques pratiquant des IVG, les écoles, les grands magasins, les salles de rédaction, les hôpitaux... et même les bureaux du FBI furent pris pour cible. Le 30 octobre 1998, par exemple, la secrétaire d'une clinique du comté de Marion, dans l'Indiana, ouvrit une lettre dans laquelle un texte lui apprenait qu'elle venait de libérer le bacille de l'anthrax... Alerte générale, désinfection totale de l'immeuble, examen des employés : tout cela pour rien, car c'était une fausse alerte, un canular de plus. Et il y en aura beaucoup d'autres.

On sera étonné d'apprendre qu'aux États-Unis on a – depuis dix ans – enregistré plus de 400 canulars liés à l'anthrax ! C'est dire si, pour les autorités, ce type de menace n'était pas vraiment une surprise.

C'est pourquoi les responsables de fausses alertes lors des attaques d'octobre 2001 furent sévèrement punis. Ainsi Rosemary Zavrel, 58 ans, condamnée à de la prison ferme pour avoir envoyé à des personnalités gouvernementales, dont le président Bush, dix-sept lettres remplies d'amidon. Elles étaient on ne peut plus inoffensives, mais n'en ont pas moins entraîné la fermeture temporaire du bureau de poste de Nanticoke, en Pennsylvanie, le 25 octobre 2001. De cette façon elle pensait tout bêtement faire accuser deux adolescents du voisinage, qui rackettaient son fils, en ayant inscrit au dos des enveloppes les adresses des coupables ! Un subterfuge qui n'a pas abusé longtemps les enquêteurs...

**

Robert Stevens, lui, sera la première victime, bien réelle cette fois. Il décédera à l'hôpital le 5 octobre, de la forme pulmonaire de l'anthrax, la plus grave.

Bien que cette bactérie existe dans la nature, les experts considèrent qu'elle n'a quasiment aucune chance de se retrouver spontanément sur le clavier d'un ordinateur. Pour le docteur Landis Crockett, des services de santé de l'État de Floride, la probabilité pour que deux cas de la maladie du charbon se déclarent dans le même immeuble est quasi nulle. Même opinion de la part de Jeffrey Koplan, le directeur du Centre de contrôle et de prévention des maladies (CDC) d'Atlanta, en Géorgie, qui est aussi le QG de la surveillance épidémiologique américaine.

Personne ne croit donc à une contamination naturelle. « Un seul cas de contamination dans un immeuble est déjà très rare, mais deux cas constituent une coïncidence qui ne colle pas avec le modèle d'une contamination naturelle » estime pour sa part le Dr. Matthew Meselson, expert de la guerre bactériologique à Harvard University, pressé de questions par les journalistes. L'hypothèse d'un acte criminel est prise d'autant plus au sérieux que l'anthrax n'a tué, aux États-Unis, « que » dix-huit personnes au cours du XXe siècle, toutes dans le cadre de leur activité professionnelle. Difficile alors de ne pas évoquer le bioterrorisme, et la psychose de l'anthrax gagne le reste du pays, incitant certaines sociétés à recommander l'usage du courrier électronique.

Même dans les airs l'anthrax inquiète. C'est ainsi que les soixante passagers du vol n°121 de la compagnie US Airways, reliant Charlotte à Denver, doivent être déroutés sur Indianapolis après qu'un steward ait trouvé une substance suspecte dans un cendrier de l'avion. La substance en question n'était pas toxique. De même, quatre vingt autres passagers seront retenus pendant trois heures à bord d'un avion de United Airlines après leur atterrissage à San Jose. Cette fois, c'est un homme qui s'était manifesté en plein vol en libérant dans l'habitacle une substance bizarre : il s'agissait de paillettes décoratives décollées d'une carte de vœux... À Dulles International Airport, on apprend qu'une substance poudreuse a été trouvée dans les toilettes d'un autre avion de United, en provenance de Londres. Un vol Alitalia reliant Naples à Paris sera même annulé après la découverte de traces de poudre blanche dans la soute par un bagagiste.

**

Au sol, les envois de lettres réellement contaminées vont quant à eux se poursuivre. Le 13 octobre un pli douteux, contenant une substance granuleuse semblable à du sucre en poudre, arrive au siège de la chaîne de télévision NBC à New York, adressé au présentateur Tom Brokaw. Son analyse montrera qu'il contient bien le bacille de l'anthrax. Erin O'Connor, l'une des assistantes du journaliste, sera atteinte par la forme cutanée du charbon après avoir ouvert cette lettre qui portait le cachet de la poste de Trenton, une petite ville du New Jersey. Elle était datée du 18 septembre, soit juste une semaine après les attentats terroristes de New York et Washington. De son côté la journaliste du *New York Times*, Judith Miller, spécialisée dans les questions de bioterrorisme, a reçu une lettre piégée expédiée de St. Petersburg, en Floride, mais la poudre blanche qu'elle renfermait était inoffensive.

Le 16 octobre, la crainte d'une attaque bactériologique s'accroit encore après la révélation de nouveaux cas. Ce sont cette fois deux employés des postes de Brentwood près de Washington qui sont touchés. La menace devient maintenant plus ciblée, car il s'agit du centre postal qui traite le courrier du Congrès américain. Les deux postiers décéderont une semaine plus tard.

Un sixième cas est enregistré le surlendemain, dans le New Jersey. Il s'agit encore d'un employé des postes, et pour cette corporation c'en est trop. Les postiers expriment leur colère, reprochant aux autorités d'avoir attendu plus de deux semaines avant que les bureaux de poste soient contrôlés et leurs employés traités. Quelques 85 millions de paires de gants et 4 millions de masques leur seront alors distribués, mais c'est trop tard pour une trentaine d'employés du Congrès qui se révèleront avoir été exposés au bacille du charbon, sans toutefois développer la maladie.

On a même craint un moment – la rumeur en a couru – que le bacille du charbon ait été introduit dans le système de ventilation du Sénat. Il n'en reste pas moins qu'après les députés américains ce sont les sénateurs qui sont visés. Une lettre contaminée renfermant 2 grammes de spores d'anthrax, assez pour infecter des millions de personnes, est en effet reçue par Tom Daschle, le chef du groupe démocrate au Sénat, puis par le sénateur Patrick Leahy. C'est alors un tournant dans l'affaire car les analyses révèleront qu'il s'agit cette fois d'une souche plus rare et encore plus virulente. Il est désormais évident que le ou les auteurs de ces attaques ne sont pas des amateurs.

Le nombre des victimes est pourtant très limité, mais

le quatrième décès – celui d'une femme de 61 ans à New York – restera un mystère. Mme Nguyen, employée dans un hôpital spécialisé situé sur la rive est de Manhattan, reçut en effet une dose létale par inhalation, mais on ne retrouvera pas la moindre trace de bactérie là où elle est passée durant les jours précédents : rien dans sa maison, rien sur son lieu de travail, rien dans son courrier, rien non plus sur ses vêtements. Rien nulle part. Elle est pourtant décédée le 31 octobre, trois jours après son admission au Manhattan hospital.

**

Le 2 novembre, tout le pays est en état d'alerte maximale, et le reste du monde commence à se sentir de plus en plus concerné. Les autorités fédérales mettent en garde les Américains contre l'imminence de nouveaux attentats, et le gouverneur de Californie fait état de menaces contre les quatre principaux ponts suspendus de son État, dont le légendaire Golden Gate de San Francisco.

Le 5 novembre des traces du bacille sont signalées à la poste du Pentagone, et le 27 la contamination à l'anthrax affecte une autre instance politique du pays : le Département d'État. La résidence du vice-président Dick Cheney doit alors subir des tests.

Le bilan s'élève maintenant à 4 morts et 11 malades, 32 personnes ayant par ailleurs été contaminées sans pour autant développer la maladie. Tous les cas diagnostiqués se concentrent dans quatre régions de la côte est. Le dernier décès de cette vague mortelle sera enregistré le 30 novembre à Hartford, dans le Connecticut : il s'agit d'une femme de 94 ans, contaminée par une lettre postée de Trenton le 9 octobre.

**

Bien que la maladie soit identifiée depuis longtemps puisqu'il en est déjà question dans la Bible – elle fut l'une des dix plaies d'Égypte – l'anthrax, appelé en France « maladie du charbon », n'était guère connu du grand public.

La bactérie fut repérée à la fin du XIXe siècle, en 1876, par Robert Koch, qui découvrit également le bacille du choléra et de la tuberculose. La bactérie du charbon infecte tout particulièrement les ovins, lesquels transmettent ensuite la maladie à l'homme par contact avec des lésions sur leur peau ou leur laine. Elle peut ainsi être présente dans des peaux ou des tapis de laine, et les ouvriers lainiers étaient pour cela assez fréquemment atteints à l'époque de la révolution industrielle.

Le bacille de l'anthrax est hautement résistant, puisque capable de rester vivant, enfoui dans le sol pendant des siècles, d'où les légendes à propos de champs ou d'étables maudites, au Moyen Âge. Une fois réinhalées par l'homme ces spores se transforment de nouveau en bacilles qui sécrètent des toxines.

Il existe trois formes de contamination par la maladie du charbon : la forme cutanée, la plus courante (95 % des cas) se soigne assez bien. La forme pulmonaire est la plus grave, car mortelle en l'absence de traitement antibiotique précoce. Il existe enfin une forme digestive, très rare, quand le bacille est ingéré avec de la viande non suffisamment cuite d'un animal infecté. Dans tous les cas cette maladie se caractérise par l'apparition de pustules rouges qui évoluent en escarres noires comme du charbon d'où le nom d'anthrax (anthracis signifie noir en grec). La maladie se déclare de 10 à 40 jours après l'inhalation des spores à moins d'être immédiatement traitée avec des antibiotiques comme la ciprofloxacine ou la doxycycline. Il existe bien, aux États-Unis, un vaccin contre l'anthrax, mais il est réservé aux militaires, présente des effets secondaires sérieux, et n'est pas efficace à 100 %. Le traitement aux antibiotiques, lui, est efficace, à condition d'être appliqué très tôt, ce qui n'est guère facile car le diagnostic est délicat, la maladie ressemblant au début à une grippe ou à un vilain rhume, avec fièvre, douleurs, maux de tête, toux et sueurs. Elle évolue ensuite vers des troubles respiratoires et le patient devient cyanosé. La mort survient environ trois jours après les premiers symptômes, lesquels apparaissent après un à six jours d'incubation, quatre en moyenne.

**

Et en France ?

Dans l'Hexagone ce ne sont pas moins de 55 personnes qui furent en contact avec du courrier contenant une poudre suspecte. Les deux premières (au Collège de France et à la Caisse des dépôts et consignations) ont été enregistrées le 15 octobre à Paris, onze jours après la détection du premier cas aux États-Unis. Les autorités excluront très vite une attaque bioterroriste, mais une cinquantaine de personnes qui se sont trouvées en contact avec ce courrier seront néanmoins hospitalisées par précaution.

Au total, on ne dénombrera pas moins de 2806 alertes à la poudre suspecte en deux semaines – soit presque 200 par jour ! –, ce qui a placé la France en tête en Europe. Toutes ces alertes s'avéreront être sans fondement, comme le confirma Bernard Kouchner, alors ministre délégué à la Santé : « Il n'y a pas de cas de charbon en France, tout est négatif [1] », assura-t-il. Les trois CHU de Paris réfé-

1. Conférence de presse du 22 octobre à propos du plan Biotox.

rencés dans le plan « Biotox », notamment l'hôpital de la Pitié-Salpêtrière, seront néanmoins pris d'assaut par des personnes disant avoir été en contact avec des poudres suspectes. Ces patients furent douchés, leurs vêtements enfermés dans des sacs, et ils reçurent un traitement antibiotique. Mais tout cela était inutile, car il ne s'agissait que de fausses alertes comme on ne tarda pas à le découvrir.

La crainte d'une contamination à la maladie du charbon gagnera également le Parlement canadien et le bureau du courrier de la chancellerie à Berlin. La Suisse sera elle aussi touchée, de même que le Mexique, le Japon, la Nouvelle-Zélande et Israël. Même Fidel Castro assura avoir reçu des enveloppes suspectes contenant des poudres « bizarres ». Dans un discours télévisé le président cubain précisa que 116 lettres suspectes ont été trouvées à Cuba, 25 d'entre elles lui étant personnellement adressées. Avec humour, il en a remercié l'expéditeur...

Rares toutefois sont les pays qui ont vécu de vraies alertes. La présence du bacille fut d'abord confirmée le 18 octobre dans une lettre adressée à un homme d'affaires kenyan à Nyeri, au nord de la capitale, Nairobi. Ce fut le premier cas d'anthrax survenu durant cette période hors des États-Unis. Au Pakistan on dénombra encore trois cas de présence du bacille du charbon, dans un journal, une entreprise de matériel informatique et une banque américaine de Karachi. Mais en définitive aucune attaque réelle à l'anthrax ne sera confirmée hors des États-Unis. Ailleurs dans le monde, on a seulement découvert des substances « suspectes » qui ont entraîné l'évacuation de nombreux immeubles.

Aux États-Unis, en revanche, la crainte resta vive et, généra une ruée sur les antibiotiques, qui inquiéta la Food and Drug Administration (FDA) et l'American Medical Association (AMA). Nombreux sont ceux qui, même sans raison, commencèrent à en prendre à titre préventif. Les laboratoires Bayer ont vu ainsi les ventes de « Cipro » passer de 9000 boîtes le 9 octobre à 76000 huit jours plus tard ! En France il y eut un début de mouvement assez semblable, mais Bayer et Aventis Pasteur avaient choisi de limiter leurs ventes aux grossistes français afin de préserver leurs stocks, tandis que le ministre de la Santé lançait un appel au civisme des médecins.

Bilan final : cinq personnes décédées, des centaines d'autres contaminées mais soignées à temps, et les postes américaines un moment désorganisées.

Les cinq personnes décédées aux États-Unis sont Robert Stevens, 63 ans en Floride ; les postiers Thomas Lee Morris, 55 ans, et Joseph Curseen, 47 ans (de Brentwood) ; Kathy Nyugen, une femme de 61 ans, employée à l'intendance d'un hôpital de New York ; Ottilie Lundgren, une vieille femme de 94 ans qui habitait le Connecticut.

Les attaques cesseront aussi mystérieusement qu'elle ont commencé. Peut-être tout simplement parce que le coupable estimait avoir atteint son but.

Chapitre 2

L'enquête

On a immédiatement accusé Oussama ben Laden. Qui d'autre, en effet, aurait pu être derrière ces attaques au bacille de l'anthrax ?

D'abord du fait de la quasi concommitence avec les événements du 11 septembre. Ensuite parce que la maison de Robert Stevens, la première victime, se trouvait à moins de 2 kilomètres de l'aérodrome où Mohammed Atta – considéré comme le coordinateur des attentats – avait loué un petit avion à plusieurs reprises le mois précédent. De plus, le terroriste et plusieurs de ses comparses ont un moment habité à Delray Beach, un peu plus au nord, tandis que d'autres pirates de l'air présumés logèrent jusqu'à l'avant-veille de l'attentat au Panther Motel de Deerfield Beach, 15 kilomètres au sud.

Enfin, le premier immeuble infecté abritait les bureaux du groupe de presse American media, spécialisé dans la confection de tabloïds gratuits, comme en trouve dans les supermarchés américains. Or l'un des magazine du groupe, *The sun*, diffusé en Floride venait justement de proposer à ses lecteurs d'acheter du papier toilette à l'effigie de ben Laden...

Lors d'une conférence de presse donnée à Washington le 8 octobre – alors qu'on ne compte encore que deux cas de contamination par la maladie du charbon – l'Attorney général (ministre américain de la Justice) John Ashcroft ne rejette pas l'éventualité d'un acte terroriste. Deux jours plus tard, dans un entretien accordé au quotidien pakistanais *Dawn* – le premier depuis le 11 septembre – Oussama ben Laden affirme être en possession d'armes nucléaires et chimiques qu'il se réserve le droit d'utiliser en représailles aux bombardements américains. « Si l'Amérique utilise des armes chimiques ou nucléaires contre nous, nous pourrions riposter avec des armes chimiques et nucléaires. Nous détenons ce types d'armes comme mode de dissuasion », dit-il en substance.

C'est déjà ce qu'avait déclaré Ahmed Salama Mabrouk, sous forme de menace, en avril 1999 : « Al-Qaida détient des armes bactériologiques et chimiques. Un plan prévoit de les utiliser contre des cibles américaines et israéliennes. Une centaine d'attaques sont programmées dans diverses parties du monde. » Or cet islamiste égyptien n'est pas n'importe qui : c'est un ancien cadre du Jihad islamique, devenu un des principaux lieutenants de ben Laden. Arrêté par la CIA en Azerbaïdjan, au lendemain des attentats contre les ambassades américaines de Nairobi et Dar e Salam, il avait proféré ces menaces devant le tribunal, lors de son jugement au Caire, précisant que ces armes avaient été fournies par la mafia d'un pays de l'ancien bloc communiste, et l'on pense au Kazakhstan, qui héberge d'importants centres de recherche et de fabrication d'armes de ce type.

Le 14 octobre, en France, *Le Journal du Dimanche*

révèle de son côté que le Comité international de la Croix Rouge gérait jusqu'à la mi-septembre en Afghanistan un laboratoire où étaient cultivées des souches du bacille du charbon, en vue de la production de vaccins pour les animaux. Ce laboratoire fut évacué par le personnel de l'organisation humanitaire, contraint de quitter l'Afghanistan cinq jours après les attentats aux États-Unis. Il est donc plausible que les terroristes islamistes aient pu disposer de souches du bacille.

De nombreux éléments contribuent donc, deux semaines après le décès de la première victime en Floride, à laisser penser que les terroristes d'Al-Qaida ont entamé une seconde opération de terreur, et sont derrière ces attaques bactériologiques. Le 19 octobre, comme pour appuyer encore un peu plus cette hypothèse, les lettres contaminées adressées à la chaîne de télévision NBC usent du même langage politico-religieux et font l'éloge d'Allah.

Ce même jour, l'ambassadeur des Talibans au Pakistan fait pourtant savoir à la Presse qu'il exclut tout lien entre l'Afghanistan et les cas de contamination au bacille du charbon aux États-Unis. « Nous ne savons même pas ce qu'est l'anthrax », déclare le mollah Abdul Salam Zaïf. Le 11 novembre, c'est Oussama ben Laden lui-même – dans une interview au journal pakistanais Ausaf – qui dira ne rien savoir de ces lettres contaminées. Hamid Mir, rédacteur en chef de ce journal de langue ourdoue, l'a interviewé en un lieu secret du territoire afghan, après un parcours de cinq heures en jeep à partir de Kaboul.

**

Rien n'oblige évidemment les Américains à croire sur parole ces affirmations. Pourtant, une dizaine de jours plus tard, les Autorités chargées de l'enquête vont changer de discours.

Pour le sénateur de Floride, Bob Graham, « il n'y a pas de raisons de relier ces cas de maladie du charbon aux attentats du 11 septembre ». Le FBI indique pour sa part qu'il n'existe aucune preuve d'un éventuel lien entre le virus et un groupe terroriste, et fait savoir que « ce n'est pas le moment de tirer des conclusions hâtives ». Pour appuyer ces dires, les premiers tests pratiqués sur les spores d'anthrax qui ont tué Robert Stevens montrent que le bacille provient de la souche « Ames ». Or il apparaît que celle-ci – l'une des plus virulentes de *bacillus anthracis* existantes – a été isolée en 1950 dans un laboratoire de l'Iowa et vendue à de nombreux laboratoires dans le monde.

Dans les derniers jours d'octobre on ne parle plus désormais que de la « piste intérieure », sans aucun lien avec ben Laden. Les commentateurs laissent entendre que ces attaques pourraient être l'œuvre d'extrémistes résidant aux États-Unis. D'autres parlent d'un savant fou, ou d'un chercheur désireux de se venger. Des scientifiques se servant de leur savoir pour commettre des actes criminels, il est vrai que cela s'est déjà vu. On se souvient par exemple de l'affaire Théodore Kaczinsky, cet ancien professeur de mathématiques devenu schizophrène et paranoïaque, qui dans les années 1990 expédia par la poste des colis piégés. Il fallut dix huit ans au FBI pour l'arrêter, dans un chalet du Montana où il vivait reclus, après qu'il ait tué trois personnes et en ait blessé beaucoup d'autres. La motivation de celui qui signait « Unabomber » : le refus du monde moderne. Sa cible : les scientifiques et les informaticiens.

L'hypothèse de la piste intérieure américaine, pour les attaques à l'anthrax, commença donc à circuler avec de plus en plus d'insistance dans la communauté des experts en armes biologiques. Lesquels firent par ailleurs remarquer que les lettres envoyées en octobre ne visaient peut-être pas à tuer en masse (elles étaient accompagnées de consignes de prudence), mais surtout à effrayer. Quel contraste, en effet, entre ces décès dus au charbon bactéridien, qui se comptent sur les doigts d'une seule main, et les quelque 3 000 victimes ensevelies à Manhattan ! Des terroristes auraient sans doute cherché à faire beaucoup plus de morts.

**

L'enquête, quant à elle, semble piétiner. Elle se focalise surtout sur l'enveloppe reçue par le sénateur Tom Daschle. Car la poudre qu'elle contenait s'avère être « particulièrement raffinée » et constituée de grains de moins d'un micron (un millième de millimètre) de diamètre, ce qui lui permet de pénétrer encore plus facilement jusqu'aux alvéoles pulmonaires. Or peu d'États dans le monde sont capables d'obtenir une telle « qualité ». Il y a les États-Unis, évidemment, mais également la Russie. Un accord vient d'ailleurs d'être signé entre l'Ouzbékistan et les États-Unis afin d'éliminer les derniers stocks de poudre d'anthrax secrètement enterrés en 1988 par l'Union soviétique sur l'île de Vozrojhdeniye, au milieu de la mer d'Aral. Nous reparlerons par la suite, plus longuement, de cette dernière.

Du coup, l'anthrax utilisé dans les lettres piégées ne serait-il pas de l'anthrax « détourné » ?

Abandonnant un moment l'Afghanistan, les regards se sont tournés alors vers Moscou et les anciens « pays frères » de l'URSS, qui développèrent largement des programmes de guerre biologique. Officiellement, Washington se garda de pointer du doigt la Russie ou le Kazakhstan, les deux pays qui hébergent les principaux laboratoires de recherche en ce domaine. Après tout, même si les stocks d'armes de ce type sont très bien gardés, on ne peut totalement exclure que des terroristes tentent de s'en emparer. Il suffit d'un simple sac pour transporter une arme chimique. Et aucun laboratoire, même si les conditions de sécurité y sont draconiennes, n'est à l'abri d'une défaillance, rappelle Jeremy Rifkin, président de la Foundation on Economic Trends à Washington [2].

Un homme a révélé, avec force détails, toute l'étendue des recherches de l'ex-URSS en ce domaine. Il s'appelle Kanatjan Alibekov. Ce transfuge de la guerre bactériologique – qui a raccourci son nom pour devenir Ken Alibek depuis qu'il est citoyen américain et travaille pour le Batelle Institute lié au Département de la Défense – souligne dans son livre *La Guerre des germes* [3] qu'après l'éclatement de l'Union soviétique il fut contacté par le Kazakhstan... pour les poursuivre. Mais il ne pense pas que le bacille du charbon qui sévit aux États-Unis soit d'origine russe.

Même son de cloche de la part du colonel Constantin Volkovoï, professeur au Centre scientifique d'État russe de microbiologie appliquée. Pour lui, l'idée que le bacille puisse venir d'un laboratoire militaire russe relève tout simplement de la « science-fiction ». Le stockage de ces substances, rappelle-t-il, n'est autorisé qu'au sein d'instituts spécialisés, qui sont au nombre de cinq en Russie. Outre celui de la région de Moscou, il y a ceux de Stra-

---

2. Journal *Le Monde* du 5 oct. 2001.

3. Alibek, Ken (en collaboration avec Stephen Handelman). Biohazard, New York, Random House, 1999. Traduit en français aux Presses de la Cité sous le titre *La guerre des germes*.

vopol, de Saratov, de Rostov sur le Don, et d'Irkoutsk en Sibérie.

Youri Fiodorov, chef du département des urgences auprès du ministère russe de la Santé, dément également toute possibilité de contamination venue de son pays. En précisant que les éprouvettes qui contiennent ces substances sont scellées et stockées avec les plus grandes précautions. La distribution des tubes à essai, leur passage sur les « paillasses » (tables de travail), et leur retour au coffre, sont consignés dans un journal aux pages numérotées. Le nombre de « boîtes de Petri » utilisées pour les diverses préparations est également enregistré. De la sorte, même si un membre du personnel avait des intentions malveillantes, il serait incapable d'emporter des germes à l'extérieur. « En vingt années d'expérience, affirme-t-il, aucune éprouvette n'a jamais disparu... »

Le ministère de la Santé exclut par ailleurs que des biologistes au chômage aient pu trafiquer des souches sur les charniers où sont enterrés des animaux victimes de la maladie. Ce sont là des déclarations rassurantes, mais quel crédit peut-on réellement leur donner quand on sait la vulnérabilité des installations militaires de l'ex-URSS ? Vladimir Poutine semble avoir de nouveau renforcé leur protection, mais que s'est-il passé entre temps ?

Plus prudent, le colonel Volkovoï estime qu'on ne peut pas exclure « absolument » que des terroristes aient pu « acheter ou voler » les dangereux bacilles auprès de scientifiques russes, même s'il juge ce scénario « improbable ». « Le risque qu'un scientifique peu scrupuleux vende une substance dangereuse à des terroristes existe partout, en Russie comme en France », fait remarquer pour sa part un autre spécialiste russe, Andreï Iourievitch. « Il est vrai que dans un pays où des chercheurs gagnent parfois moins de 50 dollars par mois cette probabilité est un peu plus élevée », ajoute-t-il avec un certain humour.

De fait, en dix ans, au moins six scientifiques russes sur dix ont abandonné la recherche, mais la plupart se sont orientés vers le commerce. « Un sur dix est parti à l'étranger, le plus souvent vers les États-Unis ou Israël », relève Alexandre Allakhverdian, de l'Institut d'histoire des sciences et techniques. Les États-Unis n'en ont cependant pas moins mis sur pied un programme spécial pour engager sur des projets pacifiques d'anciens biologistes du programme d'armes soviétiques, afin de les dissuader de vendre leurs services ailleurs. En 1990, 4 500 chercheurs travaillaient ainsi au programme « Vektor » de guerre biologique. Plus de 3 000 d'entre eux sont partis on ne sait où, vers d'autres laboratoires, ou d'autres métiers. Beaucoup sont devenus chômeurs. Combien se sont « vendus » à l'étranger ? C'est pour les « fixer » que depuis 1994 le gouvernement américain a investi 20 millions de dollars. Pas moins de 2 200 scientifiques, appartenant à trente instituts de l'ex-URSS, en ont bénéficié et apportent aujourd'hui leur compétence à résoudre des problèmes de santé publique. Mais peut-on leur faire totalement confiance ?

« Jusqu'ici rien ne nous permet de croire que l'une ou l'autre des organisations terroristes connues soit en mesure de se servir de telles armes, ou que des États appuyant le terrorisme en ont fourni à des organisations. Nous ne pouvons toutefois écarter la possibilité que des terroristes puissent un jour se procurer des armes biologiques », déclarait en 1989 l'ambassadeur américain Allen Holmes, Assistant Secretary of State for Politico-Military Affairs. « Nous redoutons particulièrement que l'usage des armes biologiques se répande et que les agents toxiques tombent aux mains de terroristes, ou se retrouvent dans l'arsenal d'États qui appuient activement des organisations terroristes » ajouta pour sa part le sous-secrétaire d'État Reginald Bartholomew.

**

Oussama ben Laden, en tout cas, cessa pour un temps d'être d'actualité. Il n'en reste pas moins qu'au même moment les troupes américaines sur le terrain découvraient deux laboratoires de recherche sur les armes chimiques, dans lesquels l'organisation Al-Qaida cherchait à fabriquer des substances à usage militaire. Les services de renseignement ont même fait savoir que ses terroristes avaient déjà produit du gaz au cyanure dans l'un d'eux, situé à Derunta, un petit village proche de Jalalabad dans l'est du pays. Puis, fin décembre, un ordinateur appartenant au réseau terroriste est retrouvé à Kaboul : son disque dur contient des centaines de dossiers sur le sujet, dont le plan de lancement d'un programme d'armes chimiques et biologiques.

Même s'il n'a pas orchestré ces attaques au bacille du charbon, Oussama ben Laden reste donc susceptible d'utiliser ces armes. « Si les terroristes que nous suivons semblent toujours être tributaires des armes classiques, nous savons qu'un certain nombre de ces groupes sont à la recherche d'agents chimiques, biologiques, radiologiques et nucléaires », déclarait déjà un an auparavant George Tenet, le patron de la CIA, à la commission des Renseignements du Sénat. Révélant par ailleurs qu'il existe « plusieurs cas » pour lesquels les terroristes ont envisagé d'utiliser ces matériaux. Or l'on sait aussi que certains des « soldats » de ben Laden ont été entraînés pour mener des attaques avec des toxines chimiques ou biologiques. Selon des témoins au procès des attentats perpétrés en

1998 contre les ambassades américaines au Kenya et en Tanzanie, des armes chimiques et biologiques auraient bien été testées dans des camps d'entraînement en Afghanistan.

Tout cela fait beaucoup d'éléments qui incitent à la prudence pour l'avenir.

**

Fut ensuite évoquée, par le *Wall Street Journal*, la piste irakienne. Laquelle ne garda cependant pas longtemps la vedette, les analyses ayant rapidement montré que l'agent infectieux était conditionné dans une matière asséchante à base de silice. Or cette technique est une spécificité des laboratoires américains d'armes biologiques, alors que partout ailleurs – et notamment en Irak – on utilise de la bentonite. Ce qui du même coup disculpait Saddam Hussein...

Pour le *New York Times*, se fondant sur les propos de nombreux scientifiques et sur un rapport [4] qu'il a pu se procurer – l'hypothèse d'un acte criminel interne ne fait plus de doute. La poudre contaminée est en effet trop ressemblante à celle qui fut produite de 1951 à 1969 dans le cadre du programme militaire américain, pour qu'il soit nécessaire de chercher ailleurs. Le rapport en question se termine justement par une mise en garde contre des risques d'envoi de spores par voie postale...

La presse américaine, dans son ensemble, ne tarda d'ailleurs pas à évoquer la piste d'extrémistes américains. Le 27 octobre le *Washington Post* rappelait ainsi que c'est un de ces groupes d'extrême droite qui, le 19 avril 1995,

4. Rapport rédigé en 1999 par William Patrick, expert américain en armement biologique.

avait signé l'attentat d'Oklahoma City (168 victimes). Le porte-parole du ministère américain de la Justice reconnut d'ailleurs à ce moment-là qu'il n'excluait pas qu'un certain nombre de groupes racistes puissent être impliqués dans cette affaire, précisant que leur opposition au gouvernement américain « est tout aussi virulente que celle des terroristes islamistes ».

Les enquêteurs se sont par ailleurs intéressés à des lettres de menace adressées aux médias avant même les attentats du 11 septembre. Elles ne contenaient pas de germes nocifs, mais les messages – rédigés à la main – étaient similaires, permettant de penser que ces attaques à l'anthrax étaient déjà planifiées avant les événements du 11 septembre. Leurs auteurs n'auraient donc fait que profiter de l'occasion, semant ainsi la confusion.

Cette déduction, quoique logique, ne reste pour l'heure qu'une simple supposition.

**

Pour que la dispersion dans l'air soit efficace – sachant que la version pulmonaire de l'anthrax est la plus virulente – il faut fixer ces germes sur des particules tout à la fois uniformes et minuscules. C'est là une technique très pointue, qui ne s'improvise pas et n'est pas à la portée du premier venu. Or les enquêteurs ont constaté que la poudre blanche trouvée notamment dans les enveloppes adressées aux sénateurs Daschle et Leahy est une poudre très particulière, aux grains extrêmement fins, traités pour éliminer les charges électrostatiques afin de flotter plus facilement dans l'air. Cet anthrax porte manifestement la « signature » d'une fabrication américaine.

Dès lors l'enquête s'est recentrée « sur une piste américaine et non étrangère », déclara Tom Ridge, directeur de la Sécurité intérieure, devant les caméras de la chaîne d'informations continues CNN, dans l'émission *Late Edition*. « Notre tendance naturelle était de rechercher des terroristes extérieurs, mais l'enquête s'est maintenant orientée vers l'intérieur. »

Cela étant acquis, il s'agit de trouver des chercheurs ayant pu avoir accès aux laboratoires dans lesquels le bacille du charbon est manipulé. Les similitudes entre les spores contenues dans les lettres piégées et les spores « militaires » incitent à penser que le responsable pourrait avoir des liens avec l'ancien programme d'armes biologiques américain.

Début novembre, le FBI dit avoir dressé le profil du suspect : c'est celui d'un individu ayant des connaissances biochimiques et vivant aux États-Unis. Il s'agit d'un ancien chercheur, qui a vraisemblablement travaillé à Fort Detrick, le laboratoire militaire de guerre bactériologique, actuellement employé par un sous-traitant dans la région de Washington. L'homme dispose vraisemblablement de sa propre installation, et se trouve forcément vacciné contre la maladie du charbon.

Dans le discours qu'elle a prononcé le 21 novembre à Genève lors d'une conférence sur les armes biologiques, Barbara Rosenberg, ancienne conseillère du président Clinton sur cette question, affirme tenir de source sûre que c'est plus qu'un profil virtuel et que l'auteur de l'épidémie postale est parfaitement identifié. Jan van Aken, qui travaille pour une ONG (Sunshine Project) spécialisée dans les armes biologiques, évoque quant à lui, dans les couloirs de la conférence, un chercheur des services de défense biologique. Ces informations seront reprises le 29 novembre dans un article du magazine de Greenpeace-Allemagne, dont on se demande d'ailleurs bien pourquoi il suit cette affaire, qui est sans aucun rapport avec la défense de l'environnement.

**

Et si l'épidémie d'anthrax qui a terrorisé les États-Unis en octobre n'avait pas ben Laden pour auteur, mais un chercheur américain cherchant à assumer une vengeance, ou serait subitement devenu fou ?

La presse s'intéresse d'autant plus à cette hypothèse que deux semaines auparavant un biochimiste de renom, le Pr. Mettez Wiley, a disparu au Tennessee dans des circonstances mystérieuses. Pourrait-il être ce savant fou que certains dans la Presse évoquent ?

Le chercheur a été vu vivant pour la dernière fois le 15 novembre dans la soirée, quittant l'hôtel Peabody de Memphis, où il venait de participer au congrès annuel du Bureau scientifique de l'hôpital St. Jude. Il devait prendre la route de Cambridge, Massachusetts, pour rejoindre sa famille. Quatre heures plus tard, sa voiture de location sera retrouvée au milieu d'un pont qui enjambe le fleuve Mississipi, portière ouverte, clés sur le contact et réservoir plein.

Chercheur en biochimie à l'Université de Harvard, le Pr. Wiley, 57 ans, est considéré comme l'un des grands spécialistes mondiaux de la biologie moléculaire et cellulaire. Il a notamment travaillé sur les virus de la fièvre hémorragique Ebola, du sida et de la grippe. En 1999, lui et un autre professeur de Harvard, le Dr. Jack Strominger, ont remporté le prestigieux « Lasker award » pour leur découverte sur la manière dont le système immunitaire protège l'homme contre les infections. Il avait découvert avec son équipe, deux ans auparavant, que le virus du sida utilise une sorte de micro-harpon pour infecter les leucocytes, et que le virus de la grippe utilise le même genre d'« arme ». Une découverte qui pourrait avoir des conséquences importantes pour la mise au point d'un vaccin contre le sida, mais que rien ne permet de relier au bioterrorisme.

Deux semaines passent, et l'on est toujours sans nouvelles du chercheur. Un acte de kidnapping semble à écarter puisqu'il n'y a pas eu demande de rançon. Personne, cependant, ne semble s'inquiéter vraiment de cette disparition. Il faudra deux articles dans la grande presse américaine [5] pour que l'on commence à entendre parler du « mystère Wiley ». Personne ne comprend les raisons de la disparition du savant, mais sa famille – notamment son épouse d'origine islandaise, Karen Valgeirsdottir – et ses proches affirment qu'il ne faut y voir aucun lien avec le terrorisme. Or personne ne sait alors qui est – ou qui sont – le ou les terroristes qui ont envoyé les lettres contaminées.

Le lendemain, un autre grand quotidien américain [6] fait état de cette disparition, cette fois en première page. La montée médiatique sur cette disparition débute alors vraiment, et la police locale doit faire face à une meute de journalistes. Georges Bolds, le shériff du comté, ne se laisse pas démonter pour autant : « J'ai été interrogé par le bureau central du FBI et je leur ai répondu que c'était un cas de personne disparue, rien de plus, du moins jusqu'à aujourd'hui. En clair, tant qu'il ne se passera rien de plus, nous ne cherchons pas d'autres hypothèses... »

Quelques journalistes commencent alors à se demander si Mattez Wiley n'est pas le « savant fou » qui a envoyé les lettres mortelles à l'anthrax.

---

5. *Boston Globe* et *New York Times* du 29 novembre 2001.
6. *Los Angeles Times* du 30 novembre 2001.

Le 5 décembre, alors que l'on est toujours sans nouvelles de lui, son nom circule avec de plus en plus d'insistance dans les salles de rédaction. L'on murmure même qu'il s'est suicidé, ce que tous ses collègues excluent formellement. Hidde Ploegh Mallinckrodt professeur d'immunopathologie, assure ainsi qu'en dépit des déclarations de la police il est loin d'être convaincu que Wiley a mis fin à ses jours. « Ce que la police dit est une chose, et ce qui est arrivé je ne pense pas que quiconque le sache. Il n'y a pour l'instant aucun élément nouveau pour éclairer la situation et tout que ce qui peut être dit n'est que spéculation. » Fait-on le plein de sa voiture quand on va se suicider ?

Depuis sa disparition, des rumeurs ont circulé selon lesquelles il était peut-être contrarié de n'avoir pas obtenu le prix Nobel en 1996, prix qui était allé à un autre chercheur de Harvard, travaillant sur le même sujet. Le Pr. Wiley avait pourtant reçu l'année précédente, nous l'avons vu, la distinction du « Lasker Award », considérée comme le prélude au Nobel. Depuis 1962, plus de la moitié de ceux qui l'ont reçu se sont vus en effet décerner ensuite le prix Nobel, généralement dans les deux années qui suivent. Mais bien d'autres chercheurs, dans le même cas, ne se sont pas pour autant jetés d'un pont ! D'ailleurs, pourquoi le chercheur aurait-il attendu cinq ans pour le faire ? Avec le temps son désappointement – si tant est qu'il se soit senti frustré – se serait sans doute estompé.

Le Dr. Philippa Marrack, professeur d'immunologie au National Jewish Medical Center et collaboratrice de Wiley, est formelle : son patron de recherche n'a pas pu se suicider. « Cela ne lui ressemblait pas, et je suis convaincue qu'il ne l'aurait fait en aucun cas. Surtout dans la ville de son père, car il avait une haute idée de la famille. » James

Davis, un autre collègue du Pr. Wiley, à la tête du département de chimie, se souvient : « Nous nous sommes promenés à travers le campus il y a trois semaines, et il semblait aussi enjoué qu'à l'habitude. Je ne peux pas croire qu'il ait voulu se supprimer ; ce n'est pas possible quand on connaît sa personnalité et son naturel enjoué. »

Le corps du savant sera finalement repêché le 20 décembre dans le fleuve Mississippi. Trois semaines plus tard le médecin légiste du comté de Shelby publiait son rapport, concluant à une chute accidentelle dans le fleuve. Mais qu'était donc allé faire ce distingué chercheur, sans doute impatient de rejoindre sa famille, au beau milieu d'un pont sur le Mississipi ? Le mystère Wiley reste entier.

**

En février 2002 le FBI affirma enfin tenir un suspect, dont la motivation était de créer une certaine panique pour attirer l'attention sur la question des armes biologiques, et entraîner ainsi une augmentation du budget alloué à la recherche dans ce secteur. Cet ancien chercheur serait employé dans une entreprise privée travaillant sous contrat avec le gouvernement, dans les environs de Washington. Il a – dit-on officieusement – été interrogé par les agents du FBI à plusieurs reprises, et sa maison a été perquisitionnée. De nombreux produits chimiques y ont été trouvés, mais pas la moindre trace d'anthrax.

Tout le monde attendait avec impatience que d'autres détails soient communiqués, mais quelques semaines plus tard les autorités cesseront d'évoquer ce suspect. L'on sait seulement qu'au total, à ce stade de l'enquête, pas moins de 300 personnes liées au programme d'armes biologiques ont été interrogées, les enquêteurs ayant listé une cinquantaine de suspects potentiels qui tous, par leurs connaissances ou les moyens techniques mis à leur disposition, ont eu la possibilité de produire la souche d'anthrax concernée. Il s'ensuit que l'auteur des attaques a probablement travaillé au U.S. Army Medical Research Institute (USAMRIID) des maladies infectieuses de Fort Detrick, dans le Maryland, où sont conservés des échantillons d'anthrax de cette « souche Ames ». Les spores trouvées dans le courrier adressé aux sénateurs Tom Daschle et Patrick Leahy correspondent en effet, exactement, à la bactérie issue des laboratoires de Fort Detrick. Or cette souche « Ames » fut distribuée par le USAMRIID à vingt autres laboratoires aux États-Unis, dont quatre seulement possèdent l'équipement voulu pour la « militarisation » des grains comme ceux reçus par le sénateur Daschle. Trois sont des militaires, le quatrième est un civil sous contrat avec le gouvernement. À partir de là, on peut en déduire que le suspect travaille ou a travaillé dans le domaine de la biodéfense (soit à Fort Detrick, à Dugway Proving Ground, au Battelle Memorial Institute, au CDC, ou à Bioport), mais aussi qu'il a lu le rapport de William Patrick sur le risque lié à l'envoi de lettres contaminées.

En mai 2002 les tests au détecteur de mensonge furent étendus aux employés de deux autres centres de recherche de l'armée utilisant de l'anthrax, ceux de Fort Detrick et de Dugway. Sans résultat. Le ministère de la Justice laissa même entendre que l'enquête pourrait prendre encore plusieurs années... Au point que l'on peut se demander si, officiellement, l'on a bien envie de révéler le nom du coupable.

On notera en tout cas que, un an après les faits, rien n'a vraiment avancé dans cette enquête. Les mois ont passé, et le FBI parut piétiner. L'agence fédérale serait-elle si incompétente ? Difficile à croire. Nombre de journalistes de la presse américaine font ainsi remarquer que tout se passe plutôt comme si l'on avait découvert quelque chose... à ne pas dire.

Plusieurs questions méritent d'être posées, car les incohérences sont nombreuses dans cette affaire. Par exemple, pourquoi l'anthrax a-t-il été expédié dans des lettres et non diffusé par le système de climatisation des immeubles concernés, méthode beaucoup plus efficace ? Pourquoi l'expéditeur a-t-il plusieurs fois averti ses destinataires, en leur suggérant de prendre de la pénicilline ? Les lettres étaient d'ailleurs scotchées pour éviter la libération des spores avant l'ouverture du courrier. Les cibles elles-mêmes furent choisies parmi des personnes publiques (journalistes, hommes politiques). On constate également que l'auteur est un familier des méthodes d'investigation car il n'a pas cacheté ses lettres à la salive, et qu'il a écrit avec des caractères difficiles à analyser graphologiquement.

Une chose est sûre : tous les envois d'enveloppes piégées ont pour auteur une seule et même personne. Le même rouleau d'adhésif fut en effet utilisé pour cacheter les enveloppes, et l'on trouve des caractères d'imprimerie identiques sur les différentes enveloppes. Seule la « qualité » de la poudre s'est améliorée. Est-ce par calcul ? Ou bien parce que l'expéditeur des lettres piégées n'a pas pu s'en procurer une quantité suffisante à la même source, et a dû varier celles-ci ? Les analyses poussées montrèrent que non seulement l'anthrax avait été fabriqué à Fort Detrick, mais qu'il l'avait été depuis moins de deux ans. Placer ces spores (il y en avait 2 milliards par enveloppe !) était une opération particulièrement dangereuse. Comment l'opérateur s'est-il protégé ? Il est certain qu'il n'a pas pu faire ça sur la table de sa cuisine.

À la fin de ces tests il n'y eut aucune arrestation, mais trois noms ont circulé : celui du Dr. Don Wiley (retrouvé noyé), celui du Dr. Robert Schwartz (membre fondateur de la société Virginia Biotechnology) et celui du Dr. Benito Que, biologiste à la Miami Medical School. Mais il n'est peut-être pas utile de s'y attarder, car il semble bien maintenant que le coupable ait été plus facile qu'on ne le croit à identifier, du fait que des éléments vitaux étaient connus des enquêteurs AVANT même le premier cas !

Huit mois après les faits rien n'avait apparemment évolué dans l'enquête. Et brusquement, dans la dernière semaine de juin 2002, les choses commencèrent à bouger.

Premier élément intéressant à porter au dossier – dont on n'eut connaissance que tardivement – le fait que dès le 15 juin 2001, avant même la découverte des lettres piégées à l'anthrax, le FBI avait reçu une curieuse lettre de dénonciation. Elle visait un scientifique d'origine égyptienne, le Dr. Ayaad Assaad, présenté comme un bioterroriste. Cette lettre de dénonciation, non signée, rédigée en traitement de texte sur ordinateur et sortie d'une imprimante, accuse : « J'ai travaillé avec le Dr. Assaad et je l'ai entendu dire qu'il voulait se venger du gouvernement américain. S'il devait lui arriver quelque chose, ses fils poursuivraient son action. »

Le Dr. Assaad pouvait apparaître d'autant plus suspect qu'il avait bien travaillé au laboratoire militaire de Fort Detrick, et cela pendant des années, avant d'en être licencié en 1997 au prétexte qu'il était trop âgé. Il avait alors engagé un recours en justice contre son employeur pour « discrimination par l'âge », et un pamphlet circula sur lui parmi ses anciens collègues de travail qui s'étaient baptisés le « Camel Club ». Or la lettre de dénonciation adressée au FBI renferme tellement de détails et de faits précis sur la vie du Dr. Assaad que l'auteur a manifestement connu l'intéressé, et a lui-même forcément appartenu à ce « Camel Club ».

Revenons sur la chronologie des faits, car elle a son importance. On sait que les premières lettres piégées reçues par le *New York Post* et la chaîne de télévision NBC furent postées le 18 septembre (celle du tabloïd *The Sun* n'a pas été retrouvée) et que le premier cas d'anthrax a été diagnostiqué en Floride le 3 octobre, environ deux semaines après l'envoi de la lettre. Celle qui accuse Assaad d'être un bioterroriste était manifestement censée arriver APRÈS que le public ait été conscient d'une attaque à l'anthrax, mais les premiers cas s'étant déclarés plus tardivement que ne le pensait le responsable de ces envois, le FBI l'a reçue AVANT. En toute logique il s'ensuit que la lettre de dénonciation a pour auteur le « terroriste » lui-même...

Ce fait est d'une importance capitale, car il restreint considérablement le cercle des recherches. Et pourtant, l'enquête n'a rien donné, alors que ces éléments étaient connus des enquêteurs depuis le début...

**

Autre information intéressante révélée fin juin 2002 : les spores d'anthrax incriminées ont été fabriquées il y a moins de deux ans, ce qui signifie que l'auteur des attaques a eu accès à un laboratoire moderne, ayant un niveau de sécurité biologique P3 ou P4 (les plus élevés) pour préparer ses enveloppes, dans une période située entre le 11 et le 18 Septembre. Cette nouvelle découverte n'a pourtant, apparemment, pas fait avancer l'enquête, alors qu'il était facile de dresser la liste des personnes répondant à tous ces critères.

En fait, l'enquête ne piétinait pas vraiment mais s'était resserrée autour d'une trentaine de scientifiques qui avaient travaillé – ou travaillaient encore – aux centres militaires de Fort Detrick, Maryland, et de Dugway, Utah. Et un nom commença à revenir avec insistance dans les commentaires, celui du Dr. Steven Hatfill. Aucun chef d'inculpation n'avait été délivré à l'encontre de ce médecin de 49 ans, natif de St. Louis, dans le Missouri, mais il avait attiré l'attention des enquêteurs au point de voir sa maison perquisitionnée le 15 juin, de même que l'appartement qu'il louait en Floride, l'État d'où sont justement parties ces attaques biologiques.

Par ailleurs, ses activités passées furent examinées à la loupe, et cela pour plusieurs raisons. D'abord parce qu'il fut, en 1999, le cosignataire d'un rapport officiel expliquant les risques posés par l'expédition d'anthrax par voie postale. Ensuite parce qu'il comptait parmi les rares personnes ayant une connaissance détaillée de la technique de mélange des spores d'anthrax dans une poudre spéciale. Et surtout parce que son passé professionnel comportait des zones d'ombre, correspondant à des périodes pendant lesquelles il fut lié à des missions pour le moins spéciales...

La biographie qu'a dressée de lui une journaliste d'investigation américaine[7] permet d'apprendre que le Dr. Hatfill a d'abord étudié la biologie dans une petite université du Kansas, avant de partir pour une année au Zaïre avec une équipe médicale bénévole. Diplômé en 1975, il servit pendant trois ans dans le U.S. Army

---

7. Laura Rozen, « Who is Steven Hatfill ? » American Prospect Online, june 27, 2002.

Institute for Military Assistance, basé à Fort Bragg, en Caroline du Nord, et simultanément dans l'unité SAS (Special Air Squadron) qui regroupe les forces anti-émeutes du régime Rhodésien. Dans ce pays, il suivit pendant six ans une formation médicale, avant de se rendre en Afrique du Sud où il fut d'abord médecin militaire, puis médecin privé dans une clinique. Selon la presse américaine il était probablement agent double en Afrique du Sud, ce qui conduit à se demander pourquoi les responsables du programme militaire américain de guerre biologique ont fourni une accréditation de haut niveau, pour l'accès à des laboratoires comme celui de Fort Detrick, à quelqu'un qui servit dans le corps médical sud-africain pendant la période de l'apartheid. Sans oublier qu'il fit également partie d'unités paramilitaires au Zimbabwe pendant la guerre civile dans ce pays, voici deux décennies. Tout cela ne peut se comprendre que si ses activités avaient l'aval du gouvernement américain...

De retour aux États-Unis, en 1995, il montre de plus en plus d'intérêt pour le travail de défense contre le bioterrorisme que l'armée menait à Fort Detrick. En janvier 1999 il travailla pour la « Scientific Applications International Corporation », un important sous-traitant lié au département américain de la Défense, et de ce fait put accéder librement aux trois installations clé du programme US d'armement biologique : le USAMRIID de Fort Detrick, le Army chemical weapons defense testing facility d'Edgewood également situé dans le Maryland, et le Dugway Proving Grounds en Utah. Il fut par ailleurs instructeur, chargé d'initier à la lutte contre des attaques biologiques tout à la fois des soldats des Forces Spéciales, des employés d'ambassades, et des infirmiers urgentistes.

Deux ans plus tard, en mars 2001, il quitte subitement

ce travail qui le passionnait et dans lequel il s'était pleinement investi. Plus exactement, il perd l'accréditation qui lui donnait accès à ces installations ultra-sensibles, après avoir échoué à un test au détecteur de mensonge, justifié par sa demande à intégrer une agence gouvernementale qui semble être la CIA. Les questions litigieuses portaient, curieusement, sur ses activités passées en Rhodésie (actuel Zimbabwe)...

Steve Hatfill n'est par ailleurs pas un inconnu des médias, qui intervint à plusieurs occasions dans la presse, notamment pour commenter deux mystérieux incidents survenus en 1997, qui entraînèrent la fermeture des aéroports de Baltimore et Washington après la découverte d'un gaz non-identifié qui rendit malades quelques passagers. Il déclara alors qu'il s'agissait probablement d'un test destiné à évaluer les réactions du public en cas d'attaque bioterroriste. L'on pense maintenant qu'il a pu être directement impliqué dans une affaire semblable, où à New York plus d'une centaine d'employés furent placés en quarantaine huit heures durant, après la découverte dans une enveloppe d'une substance qui s'avéra être chargée de « *bacillus cereus* » – un cousin non-pathogène de l'anthrax, qu'on ne trouve pas en dehors des hôpitaux et des laboratoires biologiques. Une autre coïncidence intrigue les enquêteurs : le fait qu'une grande épidémie d'anthrax ait mystérieusement frappé la Rhodésie en 1979, faisant 82 morts et des milliers de malades, alors que le Dr. Hatfill se trouvait dans le pays. Le Dr. Timothy Stamps, actuel ministre de la Santé du Zimbabwe, a d'ailleurs mené une enquête pour savoir si son voisin sud-africain – où vécut et travailla également le médecin américain pendant plusieurs années – pouvait être impliqué dans cette épidémie.

Le cas Hatfill est d'autant plus intéressant que, le 1er août 2002, des agents du FBI portant des masques protecteurs ont mené une seconde perquisition dans son appartement de la résidence « Detrick Plaza Apartments », à proximité de son ancien lieu de travail. Les agents sont repartis avec une demi douzaine de sacs remplis d'objets divers, dont des parties d'ordinateurs, mais aucune trace d'anthrax n'a été trouvée là. L'homme a été qualifié par les enquêteurs de « personne digne d'intérêt ». En clair, ils sont convaincus de sa culpabilité, mais n'ont toujours pas d'éléments pour en apporter la preuve.

L'avenir dira ce qu'il en est.

**

D'une façon plus générale, on pourrait croire que ces attaques bactériologiques ont totalement pris de court les autorités américaines. En fait, ce n'est pas la première fois qu'une menace à l'anthrax se produisait aux États-Unis, même si les cas précédents n'ont pas fait l'objet d'une grande publicité. Ainsi, trois ans auparavant, en octobre et décembre 1998, le CDC d'Atlanta avait reçu notification d'une série de menaces bioterroristes à l'anthrax. Des lettres supposées contenir cette bactérie mortelle furent ainsi adressées à des cliniques dans les États de l'Indiana, du Kentucky, du Tennessee, et en Californie. Dans tous les cas il s'agissait de canulars, et à l'époque il n'était pas question de ben Laden, bien que celui-ci fut déjà la bête noire des Américains...

Il ne faut donc pas croire que les États-Unis ont attendu les attaques de la fin de l'année dernière pour se préoccuper de ce type de menace. Dès 1999 Donna Shalala, ministre de la Santé de Bill Clinton, avait évoqué publiquement le risque de dissémination de virus pathogènes dans Manhattan, et le gouvernement avait lancé une série d'actions pour évaluer la vulnérabilité du pays aux armes biologiques. Le bioterrorisme fut considéré alors comme un risque si sérieux que ce programme de lutte contre ce type de menace fut doté pour commencer d'un budget non négligeable, de 1,4 milliard de dollars. Par ailleurs, en février cette année-là une conférence nationale rassembla plus de mille congressistes en Virginie, et une autre de même ampleur se tint en juillet à Nashville, au Tennesse. On était toutefois encore loin, voilà trois ans, de soupçonner que la menace se concrétiserait dans un avenir aussi proche.

En cette fin d'année 2001 l'Amérique vit dans la hantise, non seulement d'une attaque bactériologique de plus grande envergure dont les quelques cas déjà recensés ne sont qu'un prélude, mais aussi de nouveaux attentats meurtriers, faisant appel à des méthodes plus classiques. John Ashcroft ordonna donc l'état d'alerte maximale sur tout le territoire des États-Unis, en prévision d'une riposte terroriste aux frappes américaines contre le régime taliban. Dans toutes les grandes villes, les mesures de sécurité furent renforcées. Tout particulièrement à Washington, New York, Los Angeles, Chicago, Boston et Miami. La Garde nationale était sur le qui-vive, tout particulièrement dans les aéroports, tandis que les garde-côtes déployaient un important dispositif aux alentours des 300 ports qui jalonnent les côtes américaines.

L'Amérique était en guerre contre un ennemi invisible.

Chapitre 3

Sommes-nous prêts à faire face ?

Il faut abandonner l'illusion que l'on pourra prévenir toute attaque d'un groupe terroriste utilisant une arme biologique.

Pour l'ex-directeur de la CIA, James Woolsey, une attaque biologique sur les États-Unis par des terroristes ou un état ennemi est la plus sérieuse menace à laquelle ce pays doit faire face aujourd'hui. Et « Nous ne sommes pas du tout préparés à une grande épidémie de maladies infectieuses naturelles, encore moins à une attaque bio-terroriste » prévint James Hughes, directeur du National center for infectious deseases. Selon un ancien chef de l'IRA, l'armée de libération irlandaise, parlant d'expérience : « Les terroristes n'ont besoin d'avoir de la chance qu'une seule fois, alors que nous devons en avoir à chaque fois. »

Le biologiste russe Ken Alibek – qui fut, rappelons-le, un des piliers du programme soviétique de guerre bactériologique – nous met en garde également : « Lorsque la terreur bactériologique frappera – et je suis convaincu que cela arrivera – l'ignorance du public ne fera qu'accentuer le désastre. La première chose à faire pour trouver le moyen de nous préserver est de comprendre ce que sont les armes bactériologiques. » Même son de cloche de la part de l'Américain Warren Rudman, co-président de la Commission de Securité nationale et ancien sénateur du New Hampshire. « Une attaque terroriste chimique ou biologique est malheureusement quelque chose que nous vivrons, nous en sommes convaincus, dans les dix prochaines années. »

Même si, en ce qui concerne les cas d'anthrax enregistrés aux États-Unis en octobre et novembre 2001, une action du groupe Al-Qaida peut maintenant être écartée avec certitude, comme l'indique l'enquête du FBI. Ce n'est pas pour autant qu'il ne faille pas craindre des attentats bactériologiques dans l'avenir. Tous les spécialistes de la question s'accordent même à penser que ce sera la plus grande des menaces au XXIe siècle.

Après l'attentat du métro de Tokyo en 1995, où la secte Aum répandit du gaz sarin en faisant douze victimes, l'Américain Kyle Olson, spécialiste de la lutte anti-terroriste au Département américain de la Justice et fondateur de l'Institut de Contrôle des Armes Chimiques et Biologiques, affirmait déjà : « Il y aura probablement d'autres attentats de ce type. Il serait irréaliste et optimiste de penser que cela ne se reproduira plus. » La possibilité d'une attaque bactériologique était d'ailleurs déjà un important sujet de préoccupation pour les autorités américaines avant même les attentats du 11 septembre. Le président Bill Clinton, devant l'académie nationale des sciences, en janvier 1999, avait avertit : « Les ennemis de la paix travaillent sur de nouvelles formes d'assaut, y compris les armes chimiques et biologiques. » Cette même année, son administration débloquait plus de 2 milliards de dollars pour se préparer à cette menace.

Le bioterrorisme est donc une réalité émergeante qu'il n'est pas possible d'ignorer, et qui revêtira bien d'autres visages que celui de nouvelles attaques possibles à l'anthrax. La panoplie des germes, champignons et autres virus susceptibles d'être utilisés est en effet très large.

Pour de nombreux experts la question n'est même plus de savoir « si », mais « quand », une telle attaque aura lieu. Le Secrétaire général de la Maison-Blanche, Andrew Card, déclara sur la chaîne de télévision Fox : « Je ne veux pas être alarmiste, mais nous savons que les organisations terroristes ont probablement trouvé le moyen de mettre en œuvre une guerre bactériologique ou chimique. » Selon Robert Kupperman, spécialiste américain des questions de terrorisme, le taux de vulnérabilité des sociétés modernes à ce genre de menace est de 100 %...

Il serait irresponsable d'ignorer ce risque, mais comment peut-on relever le défi du bioterrorisme sans gaspiller des milliards de dollars ?

**

Le principe de l'arme bactériologique consiste à utiliser intentionnellement des virus, des bactéries ou des toxines issues d'organismes vivants, afin de créer des maladies pouvant entraîner la mort. Cela est bien plus effrayant que les explosifs ou même les gaz. L'un des grands risques, en ce domaine, est que les microbes qui furent sélectionnés par les deux Grands pour leurs armes biologiques sont aujourd'hui particulièrement adaptés à des attaques terroristes anonymes, permettant à leur auteur de disparaître facilement après avoir provoqué un maximum de dégâts au sein de la population.

Dans une tribune du *Washington Post*, un scientifique américain n'a pas hésité à écrire que « si l'avion qui s'est écrasé sur le Pentagone avait dispersé le virus de la variole ou des spores d'anthrax, le nombre des victimes du 11 septembre aurait pu être multiplié par dix, voire plus ». Les spécialistes estiment en effet que 100 kg de spores d'anthrax disséminés au-dessus d'une ville par une nuit claire (les nuages peuvent emprisonner des germes dans leurs gouttelettes et les larguer plus loin, sur des zones moins peuplées ou non visées) pourraient contaminer 2 millions de personnes et en tuer plusieurs milliers, ce qui provoquerait par conséquent une attaque aussi meurtrière que celle du 11 septembre, avec des moyens et une préparation considérablement plus limités.

S'il faut craindre ce type d'attaque, c'est notamment parce que, en nombre de victimes, les armes biologiques et bactériologiques sont bien plus efficaces que les armes chimiques : 1 kg de poudre de silicate chargée de spores d'anthrax est considérablement plus meurtrière, potentiellement, que 1 kg de gaz chlorés.

La crainte du bioterrorisme a pourtant longtemps été ignorée, voire niée. Les spécialistes de santé publique sont d'autant plus inquiets que les infrastructures hospitalières sont actuellement incapables – aux États-Unis comme ailleurs – de faire face à l'arrivée massive de dizaine de milliers de malades, ce qui serait le cas si une attaque biologique de grande envergure se déclenchait.

Certes, l'opinion générale est que ce risque n'a qu'assez peu de chances de se produire. Mais si cette éventualité se produisait, alors le résultat serait catastrophique. C'est ce que souligne notamment Daniel Henderson, ancien patron du CDC, actuellement directeur du John Hopkins Center for Civilian Biodefense Studies.

**

Pour certains spécialistes l'évolution de la situation peut se schématiser ainsi : la Première Guerre mondiale fut chimique à Ypres, la Seconde fut nucléaire à Hiroshima, et la troisième sera biologique ou bactériologique. Mais bien plus qu'un conflit mondial ayant recours à cette nouvelle possibilité de destruction de masse, le vrai risque est pour le XXIe siècle celui du terrorisme biologique. D'aucuns se demandent d'ailleurs s'il est bien utile d'évoquer le bioterrorisme et d'en parler ouvertement. N'est-ce pas prendre le risque de susciter des attaques de ce type ? En fait, l'actualité a montré que les terroristes n'étaient pas dépourvus d'imagination. Ils n'ont pas à puiser dans les écrits des journalistes ou des auteurs de romans pour concocter des scénarios de terreur.

Depuis le 11 septembre 2001 et, surtout depuis l'apparition des cas d'anthrax aux États-Unis, les pays menacés par le terrorisme, les États-Unis au premier plan, ont donc pris des dispositions renforcées pour mieux se préparer à faire face à ce type d'agression.

Il faut pourtant reconnaître que si l'on connaît pas mal d'exemples de terroristes ayant manifesté un intérêt pour les agents biologiques et les moyens de s'en procurer, les cas avérés restent rares. Il se peut toutefois que des attentats de ce type aient déjà été perpétrés mais n'aient pas été reconnus comme tels. Pour l'instant, en tout cas, l'on ne déplore aucun acte de bioterrorisme ayant fait plus d'une dizaine de victimes. Le risque n'en existe pas moins, et il va croissant.

Au nombre des événements qui ont accru cette crainte, il y a d'abord l'attentat perpétré par la secte Aum Shinrikyo en 1995, dans le métro de Tokyo, qui fit 12 morts et

5 000 blessés. Certes, il s'agissait d'une attaque chimique, utilisant un gaz neurotoxique, le sarin. Mais on sait désormais que Aum n'eut recours à ce gaz qu'après avoir échoué, pour des raisons purement techniques, dans huit tentatives de contamination bactériologique ! Dans son arsenal on a en effet trouvé de grandes quantités de toxine botulique, de cultures d'anthrax, et de petits avions équipés de réservoirs spéciaux pour la pulvérisation agricole. Plus étonnant encore : en 1992 des membres de cette secte se sont rendus au Zaire – qui connaissait alors une épidémie de virus Ebola – afin de se procurer des échantillons qu'ils comptaient utiliser comme armes biologiques...

Il faut bien reconnaître que les agents biologiques deviennent de moins en moins chers, et de plus en plus faciles à obtenir et à dissimuler. Les terroristes peuvent recourir à divers moyens pour se procurer une certaine quantité d'agent biologique afin de monter une opération terroriste : ils peuvent commencer, bien sûr, par l'isoler eux-mêmes, ou le voler dans un laboratoire de recherche pharmaceutique ou universitaire, ou un service de santé publique. Un terroriste se faisant passer pour un étudiant de deuxième ou troisième cycle, ou pour un médecin-chercheur, aurait facilement accès à des cultures d'organismes pathogènes qu'il pourrait voler sans risquer d'être découvert.

Les terroristes pourraient aussi faire chanter des employés des établissements médicaux ou de recherche : cela est déjà arrivé. En 1970 le groupe gauchiste américain « Weather Underground » a ainsi tenté de faire chanter un officier homosexuel du Centre de guerre bactériologique de l'armée américaine à Fort Detrick, au Maryland, pour qu'il fournisse des organismes devant servir à contaminer l'eau d'une ou de plusieurs villes américaines. Les terroristes auraient apparemment réussi à obtenir la collaboration de l'officier en question, mais celui-ci fut démasqué lorsqu'il demanda à disposer de produits n'ayant aucun rapport avec ses fonctions.

Des terroristes peuvent également acheter des germes pathogènes sur le marché noir, les obtenir d'un état « sponsor » du terrorisme, ou même les commander par correspondance à des fournisseurs autorisés. Jusqu'à ces dernières années on pouvait ainsi se procurer sans difficulté des souches virales ou bactériennes auprès de l'American Type Culture Collection (ATCC) de Rockville (Maryland). Qui plus est, la plupart des spécimens de cultures sont moins chers qu'une arme à feu.

Quelques cas concrets montrent bien qu'il ne s'agit pas là d'une simple hypothèse. En 1984, par exemple, deux Canadiens se faisant passer pour des microbiologistes de l'entreprise ICM Science, ont tenté de se procurer des organismes pathogènes en passant une commande par téléphone à l'ATCC. Mais la quantité de bacille du tétanos commandée était si importante qu'elle attira l'attention. Après enquête, ICM Science déclara n'avoir jamais fait une telle commande, et ne connaître aucun employé du nom des personnes qui avaient commandé le bacille. Les deux hommes récidivèrent pourtant, cette fois pour obtenir de la toxine botulinique. Le FBI, alerté, les arrêta lorsqu'ils en prirent livraison. L'on peut encore citer ce membre d'un mouvement d'extrême droite de l'Ohio – un technicien de laboratoire du nom de Larry Harris – qui s'était procuré trois ampoules du bacille de la peste auprès de l'ATCC. On sait aussi que ATCC a expédié vers l'Irak, dans les années précédant la Guerre du Golfe, dix neuf envois de diverses souches d'anthrax de « qualité militaire ». C'est ce qu'a révélé le sénateur américain Don Reigle lors d'une audition officielle à propos du « syndrôme du Golfe ». L'Irak s'est également procuré des virus de la fièvre du Nil occidental, et l'on sait qu'il travaille à faire muter le « camelpox », le virus de la variole du chameau, inoffensif pour l'homme sous sa forme actuelle mais potentiellement très dangereux...

On sera alors étonné d'apprendre qu'aux États-Unis la marijuana fait l'objet d'une réglementation plus stricte que la distribution d'organismes biologiques dangereux ! Les organismes les plus intéressants pour la guerre biologique font évidemment l'objet de restrictions, mais il suffit de justifier que l'on est chercheur pour se procurer ces cultures d'organismes surveillés. Ce n'est pas plus difficile que de falsifier une ordonnance médicale. D'autant que l'on a l'embarras du choix, dans la mesure où pas moins de 453 autres sociétés vendent, dans 67 pays, des agents biologiques pour toutes sortes d'usages. Parmi elles 54 vendent et expédient le bacille de l'anthrax sans qu'il soit nécessaire de justifier d'une quelconque qualité professionnelle, et 18 envoient sans plus de formalités celui de *Yersinia pestis*, autrement dit de la peste !

Pour une personne qui possède les connaissances nécessaires, les démarches à faire pour se procurer des souches d'organismes toxiques ou pathogènes très dangereux n'est en tout cas pas plus complexe que la fabrication de la bière, et bien moins risquée que le raffinage de l'héroïne ! L'équipement utilisé pour fabriquer de la bière suffit en effet pour produire en quantités importantes une arme biologique d'origine naturelle pouvant provoquer des maladies comme le charbon bactéridien, le choléra, la brucellose, la peste ou la fièvre typhoïde ! Si l'organisation terroriste est assez développée pour posséder des installations de culture tissulaire, elle peut même se lancer dans la production du virus de la variole, du typhus et de la fièvre jaune, en utilisant les mêmes méthodes que pour la production des vaccins. Tous les renseignements dont on a besoin pour produire une arme biologique se trouvent dans une bibliothèque d'université et sur Internet.

**

Des informations alarmantes concernent par ailleurs le programme bactériologique de l'ex-URSS, qui se poursuit, et pourrait donner lieu à des fuites vers des « états-voyous », pouvant eux-mêmes aider des réseaux terroristes.

Selon Ken Alibek, déjà cité, la vraie menace vient non pas de la Russie (en tant que gouvernement ou nation) mais des Russes qui disposent de connaissances en ce domaine. Certains d'entre eux sont en effet soupçonnés de chercher à vendre leur compétence au plus offrant, et les acheteurs ne manquent pas.

L'un des sujets de préoccupation des services occidentaux est le statut réel actuel d'un des plus grands laboratoires d'armes biologiques russes, « Vector », située à Koltsovo, près de Novossibirsk, en Sibérie. Jusqu'au début des années 1990 c'était un complexe de 30 bâtiments employant 4 000 personnes. Située dans une vaste plaine entourée de clôtures électrifiées et protégé par une garde d'élite, les chercheurs de ce laboratoire travaillaient sur des virus de fièvres hémorragiques particulièrement redoutables, comme ceux d'Ebola ou de Marbourg. Lors d'une visite en ces lieux, à l'automne 1997, des experts occidentaux ont trouvé l'usine à moitié vide, protégée seulement par une poignée de gardes qui n'avaient pas été payés depuis des mois. Personne ne peut dire où sont partis les chercheurs qui travaillaient là, ni quelle confiance on peut encore accorder au site de stockage du virus de la variole qui s'y trouve... Voilà pourquoi les armes biologiques de l'ex-URSS représentent toujours une menace.

**

N'importe quel pays est mieux préparé à des conflits armés conventionnels, où l'ennemi est clairement identifié, qu'à des attaques qui visent la population civile. Une attaque bioterroriste est avant tout un événement civil, localisé, mettant en première ligne non des militaires (contre qui se battre ?) mais le personnel de santé. Ce serait par ailleurs un événement à retardement. Une balle, une grenade ou une bombe frappe sa cible ou la manque, mais on en connaît immédiatement le résultat. Une arme biologique, en revanche, on ne peut ni la voir, ni l'entendre, ni la sentir, et donc pas l'éviter. La cible ignore même qu'elle a été infectée, et lorsqu'elle s'en rend compte il est souvent trop tard. Les symptômes peuvent n'apparaître en effet qu'après plusieurs semaines.

L'agent utilisé pourra être l'anthrax, maintenant bien connu, ou plus « exotique » comme le virus Ebola venu des forêts zaïroises. Quant au système de dispersion, il peut être de très basse technologie. Nul besoin de missiles et d'ogives très complexes. Il suffit d'un simple flacon de parfum, dans un sac à main, auquel personne ne prêtera attention, pour transporter un peu de liquide chargé du dangereux virus.

Autre différence importante – et c'est là un fait totalement nouveau – les groupes terroristes actuels, à la différence des États constitués, ne craignent pas les représailles. Les motivations d'une armée ne sont pas du tout les mêmes, en effet, que celles de terroristes. Elle cherchera à neutraliser l'adversaire en l'encombrant de blessés, qui mobiliseront davantage d'hommes. Les terroristes chercheront au contraire à tuer en masse, à engendrer la panique, en agissant de façon spectaculaire et inattendue.

De nombreux experts sont pourtant encore restés au concept en vigueur du temps de la Guerre froide, censée se dérouler dans un environnement différent de celui que l'on connaît, et de surcroît hostile. Sur le champ de bataille, ces armes sont conçues pour décimer rapidement les troupes adverses. Le concept de bioterrorisme, à l'inverse, situe l'action sur un terrain familier, dans une période paisible, pour frapper un ennemi totalement désarmé (une population civile) qui ne s'y attend pas et n'y est pas préparé.

Évoquons maintenant un point important, celui des motivations. Les buts poursuivis par les groupes terroristes peuvent en effet être très variés, tout aussi bien idéologiques que religieux ou protestataires, voire simplement liés à un sentiment de vengeance. Les mouvements terroristes agissant pour des raisons religieuses sont cependant responsables de 60 % des événements de ce type enregistrés à ce jour. Dans tous les cas, les armes biologiques sont parfaitement appropriées aux objectifs de ces nouveaux terroristes.

Les choses ont beaucoup évolué par rapport aux actes terroristes des années 1970. Les groupes qui menacent de tuer des centaines de civils ont parfaitement conscience que leurs chances de survie politique sont faibles, comme on l'a vu pour les Talibans. Ils savent aussi que leurs chances de gagner la sympathie du public sont tout aussi limitées. Ce qu'ils cherchent, comme le fait remarquer Brian Jenkins, expert en ce domaine, c'est un grand nombre de spectateurs pour leurs « exploits ».

**

Il y a aussi le risque posé par ce qu'il est convenu d'appeler désormais les « états-voyous ». Actuellement, au dire des experts en ce domaine, près d'une vingtaine de pays possèdent des armes biologiques. En 1991, l'Irak – qui est l'un d'eux – a produit de grandes quantités d'anthrax et de toxine botulique, pouvant être placés dans des ogives de missiles « Scud ». Les sites de production, après avoir été localisés et inspectés par l'UNSCOM, la Commission spécialisée dépêchée par l'ONU, furent détruits en 1996, mais ils auraient en partie été reconstitués.

Il y a enfin, nous l'avons vu, le risque posé par les scientifiques impliqués dans les programmes de l'ex-URSS, qui pour son programme de guerre biologique employa jusqu'à 60 000 personnes. Et il est tout à fait imaginable que ces experts ont pu recevoir des offres alléchantes.

Andrew Weber, conseiller spécial pour la réduction de la menace bioterroriste au U.S. Office of Defense Secretary, affirme ainsi que les laboratoires russes ont refusé des offres iraniennes alléchantes, et qu'à la suite de cela les Autorités américaines, prévenues, ont commencer à coopérer avec eux plus étroitement. Un budget annuel de 3 millions de dollars fut ainsi débloqué pour garder les laboratoires les plus sensibles en état de fonctionner, de manière à « fixer » le personnel qualifié. À cela se sont ajoutés 4,5 millions de dollars pour accroître la sécurité dans les centres ultra-sensibles d' Obolensk et de Novosibirsk, où étaient mises au point des armes virales. « Les Russes ont fait un changement culturel, scientifique et économique radical, et c'est une profonde transformation », reconnait ainsi Randall Beatty, directeur-adjoint du International Science and Technology Center, un projet commun américano-nippo-européen pour la reconversion des chercheurs militaires russes sur des projets civils de biotechnologie.

**

Le principe d'une attaque bactériologique est on ne peut plus simple : il s'agit de lâcher dans la nature des virus (comme celui de la variole), des bactéries (comme celle de l'anthrax), des champignons ou des toxines (comme la toxine botulique), dans le but de provoquer des maladies ou la mort d'un grand nombre d'êtres humains, d'animaux ou de plantes. On notera que la toxine botulique est – de l'avis de tous les experts – le poison le plus terrifiant que l'on connaisse, la dose létale moyenne est de 0,12 microgramme (millième de milligramme). Elle serait même mortelle à des doses dix mille fois moindres que celles des agents neurotoxiques. Avec 1 gramme on pourrait théoriquement – mais théoriquement seulement car il faudrait imaginer des conditions d'administration optimales pour tout le monde – tuer deux millions de personnes... En théorie, 3 litres de cette toxine botulique suffiraient donc à exterminer l'humanité !

De la grippe à la dysenterie en passant par la fièvre du Nil, le typhus, la peste ou le choléra, la liste des agents biologiques pathogène est longue. Sur les centaines de germes, virus et autres microbes théoriquement utilisables – de l'intoxication à la salmonelle à la peste bubonique – ils ne sont cependant qu'une poignée à être réellement efficaces pour cette application particulière qu'est le bioterrorisme.

Un groupe russe d'experts en armes biologiques a

retenu onze agents susceptibles de constituer une arme bactériologique « intéressante ». Quatre d'entre eux se détachent nettement : le virus de la variole et celui de la peste, le bacille de l'anthrax, et la toxine botulique. Viennent ensuite la tularémie, le typhus, la fièvre « Q », l'encéphalite vénézuélienne, les virus de la grippe et celui de Marbourg. Tous ont des taux de mortalité compris entre 30 et 85 %.

Les spécialistes américains ont une liste quasiment identique. En 1999 un groupe d'experts du CDC a déterminé ainsi que les six micro-organismes les plus dangereux étaient, dans l'ordre : *variola major* (la variole), *Bacillus anthracis* (l'anthrax), *Yersina pestis* (la peste), *toxinum botulinum* (le botulisme), *Francisella tularensis* (la tularémie) et les filovirus des fièvres hémorragiques (Ebola et autres).

La variole est une maladie d'autant plus dangereuse qu'elle est désormais totalement éradiquée, et serait mortelle dans 30 % des cas si elle resurgissait. Pour la peste bubonique le délai de grâce est on ne peut plus réduit puisqu'elle est mortelle en moins de deux jours. D'autres maladies peuvent être citées dans ce contexte, comme la grippe, qui fait encore actuellement plusieurs centaines de victimes chaque année en France, et décima dans le passé des dizaines de millions d'Européens. Presque sympathiques apparaissent, finalement, les salmonelles qui empoisonnent la nourriture. Mais pour noircir encore le tableau il faut ajouter que tous ces virus, bactéries et toxines, peuvent désormais être génétiquement « améliorés », pour devenir encore plus actifs, ou être transformés pour devenir résistants à tous les médicaments connus !

**

N'importe quel agent biologique est en tout cas potentiellement plus destructif qu'une arme nucléaire ou chimique. Selon une étude de l'OTA américain (Office of Technology Assessment) une bombe nucléaire de une mégatonne explosant au-dessus d'une ville pouvait provoquer deux millions de morts. Mais il faut savoir que seulement 70 kg de spores d'anthrax lâchées en silence dans les mêmes conditions conduiraient au même résultat...

Une étude réalisée en 1972 par l' « Advanced Concepts Research Corporation » de Santa Barbara (Californie) assure pour sa part que la pulvérisation de 50 kilos de spores du charbon bactéridien sur une métropole comme New York ferait plus de 600 000 morts. Pour obtenir le même résultat avec une arme chimique il faudrait pulvériser en aérosol quatre tonnes d'un agent neurotoxique comme le VX. La puissance des agents pathogènes, exprimée en fonction du poids de la dose, est bien supérieure à celle des produits chimiques les plus toxiques. Il suffit en effet de quelques micro-organismes pour provoquer une infection, et comme il est possible de faire des préparations ayant une concentration de l'ordre de 10 milliards de micro-organismes par gramme, la dose infectante peut être très inférieure au millième de milligramme par sujet ! Dans le cas de la toxine botulique la quantité nécessaire est même absolument infime puisqu'à quantité de matière égale le taux de mortalité est 15 000 fois plus grand que pour le « VX », lui-même bien plus actif que le sarin utilisé dans le métro de Tokyo.

Un acte terroriste conventionnel – pour donner simplement un ordre de grandeur – se solde généralement par quelques dizaines de victimes. Un acte de bioterrorisme, en revanche, pourra en faire des millions. Il suffit pour cela de disperser un virus mortel dans un lieu public très fréquenté, comme un grand stade à l'occasion d'un match de championnat...

L'impact d'un acte de bioterroriste ne serait cependant pas nécessairement lié au nombre de victimes. Un tout petit nombre de cas signalés, ou supposés, amplifié par la rumeur, peut déclencher une grande inquiétude dans la population. N'oublions pas que l'arme psychologique fait partie de l'arsenal terroriste. Dans un éditorial de la revue scientifique *British Medical Journal* Simon Wessely, professeur de psychologie à Londres, considère même que les répercussions psychiques créées par le sentiment de danger pourraient être plus importantes que les dommages physiques proprement dits. « Le niveau général de malaise, de crainte et d'anxiété peut demeurer élevé pendant des années, exacerbant les désordres psychiatriques pré-existant et augmentant le risque d'hystérie collective. » Rien de moins ! Notre propre peur devient alors une arme. Simon Wessely cite deux exemples de cette peur diffuse : le 29 septembre 2001, des fumées colorées ont provoqué un début de panique dans une université à Washington, conduisant à l'hôpital seize étudiants et leur professeur. Dix jours plus tard, un homme aspergé d'une substance inconnue dans un métro du Maryland s'est senti pris de nausées et de maux de gorge, ainsi que la trentaine d'autres personnes qui avaient assisté à la scène. On devait découvrir peu après que le vaporisateur utilisé ne contenait que du liquide lave-vitre. Il faut donc être vigilants et prêts, mais ne pas sombrer pour autant dans la psychose du terrorisme.

Il est clair en tout cas que les médecins et les spécialistes en maladies infectieuses seront notre première ligne de défense dans ce type d'attaque, et qu'ils devront réagir très vite. C'est le grand nombre de victimes qui indiquera qu'il y a eu attentat bactériologique. Il y a donc un risque, même avec une maladie qu'on sait guérir. De même, aucun système d'analyse n'est en place pour vérifier si les aliments ou les boissons sont contaminés.

L'anthrax, par exemple, est difficile à diagnostiquer immédiatement car il ressemble au début à une affection grippale. Mais lorsqu'on l'identifie, le délai est dépassé pour entreprendre un traitement. De plus, si l'anthrax n'est pas contagieux, la plupart des autres agents potentiels du bioterrorisme le sont. La survie des médecins et du personnel hospitalier – tout aussi vulnérables que le reste de la population ! – aura donc également son importance. C'est la rapidité avec laquelle sera établi le bon diagnostic, et la vitesse avec laquelle seront appliquées des mesures préventives et thérapeutiques, qui feront toute la différence dans le nombre des victimes. Comme il est quasiment impossible de repérer un groupe qui aurait l'intention de perpétrer un attentat bactériologique, c'est l'augmentation des cas d'admission dans les hôpitaux qui sera la première manifestation d'une attaque bactériologique. C'est pourquoi il est important que le corps médical soit formé à reconnaître rapidement les effets des agents biologiques. Une identification rapide pourrait diviser par cent le bilan final !

**

Quelques kilos du bacille d'anthrax lâchés au-dessus de New York feraient des centaines de milliers de victimes en quelques jours, et sèmeraient la panique dans le reste de la ville. Il faut donc prévoir des effets secondaires tout aussi catastrophiques : désorganisation totale du commerce, grand nombre d'indisponibilités au travail, prise d'assaut des pharmacies, saturation de la capacité d'hébergement des cliniques et hôpitaux, panique boursière, etc... Le réseau téléphonique serait également perturbé en raison du nombre considérable d'appels que cette situation générerait. Faudra-t-il mettre en place un système d'interdiction d'appels pour préserver les communications vitales ? Comment protéger le personnel hospitalier ?

Les médias auront, c'est évident, un rôle important à jouer pour informer correctement et contribuer à éviter les mouvements de panique. Car une épidémie infectieuse serait totalement différente d'une catastrophe naturelle ou industrielle, lesquelles sont généralement basées sur un événement immédiatement identifiable. Dans le cas d'une épidémie provoquée, personne ne pourra dire ce que sera le jour suivant.

« Nous savons pertinemment qu'il y aura rupture des stocks de vaccins si les États-Unis sont confrontés à une attaque biologique », reconnaissait déjà en novembre 2000 le Dr. Margaret Hamburg, du Département américain de la Santé, lors d'un congrès sur le sujet. La plupart de ses confrères sont tout aussi réalistes : « Les États-Unis ne sont pas préparés à une attaque bioterroriste » explique ainsi le Dr. Thomas Inglesby, du Centre Johns Hopkins pour les études de biodéfense civile. « Le problème est qu'une attaque bioterroriste affecterait – pour ne pas dire désorganiserait – en premier lieu le système de santé », explique pour sa part le Dr. George Poste, directeur du Health Technology Networks.

Tout le personnel des hôpitaux devrait donc être rapidement vacciné, et les médecins auront à prendre des décisions rapides. Les maires des villes devront quant à eux assurer la sécurité dans la cité. Il est essentiel, on le voit, de déceler très rapidement une attaque. Mais combien de temps faudra-t-il pour s'apercevoir qu'elle a été lancée ? Et qui recevra en priorité les doses d'antibiotiques ? Où les malades seront-ils hospitalisés ? La plupart des menaces bactériennes, comme l'anthrax et la peste, peuvent être traitées avec des antibiotiques ordinaires, mais qui serait traité en priorité en cas de stocks limités de médicaments ? Probablement le personnel hospitalier, les policiers, les pompiers et les ambulanciers. Il est vraisemblable que beaucoup d'entre eux en demanderont pour leur propre famille. Où cela s'arrêtera-t-il ? Ces questions restent pour le moment sans réponse.

De même, comment fonctionneront les communications entre les différentes organisations concernées, entre la presse et les autorités, entre les médias et le public ? Comment les services d'urgence, la police et le personnel médical seront-ils coordonnés ? Les hôpitaux disposeront-ils de réserves d'antibiotiques et d'antitoxines suffisantes pour leurs patients ? Fermera-t-on les aéroports et les frontières ? Les questions, on le voit, sont encore nombreuses.

Il ne sera pas facile, en tout cas, d'éviter des mouvements de panique dans une société qui croit plus volontiers ce que disent les médias que les autorités, dont les déclarations sont systématiquement frappées de suspicion.

Ces craintes du public risquent en outre d'être renforcées par cette fascination – surtout aux États-Unis – pour les films catastrophes. Dans ces conditions, même une attaque limitée pourrait produire le même effet qu'Orson Welles en 1930, lisant au micro sur une chaîne de radio de Chicago, le roman de H.G. Wells *La guerre des mondes*. Il le fit avec un tel talent de mise en scène que la plupart des auditeurs crurent réellement à une invasion des martiens !

**

Nombreux sont ceux qui estiment que l'Amérique n'est pas prête à affronter une telle offensive. « Nous sommes mieux préparés qu'il y a deux ans. Beaucoup d'efforts sont en cours, mais nous ne sommes pas encore prêts », souligne notamment Bruce Clements, un expert de l'université de St. Louis, Missouri. Les spécialistes de la question divergent toutefois sur la facilité avec laquelle des terroristes pourraient se procurer et répandre un germe mortel. Le Dr. Michael Osterholm de l'université du Minnesota, affirme que déclencher une épidémie de variole, par exemple, est facile : il suffirait d'inoculer le virus à quelques dizaines de terroristes-kamikazes, d'attendre quelques jours qu'ils deviennent hautement infectieux, puis de les envoyer se promener dans des lieux publics très fréquentés...

Il n'en reste pas moins que la menace du bioterrorisme n'a pas pris les autorités américaines au dépourvu. Voilà plusieurs années déjà, en effet, que des réunions se tiennent et que des rapports paraissent sur le sujet. En juillet 1999, par exemple, un très important symposium, ouvert par le vice-président Al Gore, a réuni plus de mille spécialistes à Nashville, dans le Tennessee. En l'an 2000, 33 millions de dollars furent ainsi affectés, aux États-Unis, à cette lutte contre le bioterrorisme. Par ailleurs, à la même époque, d'importantes quantités de médicaments étaient prêtes à être livrées dans les douze heures à la base aérienne la plus proche du lieu d'un éventuel incident. Dont quinze millions de doses antivarioliques et pour cinq millions de dollars de doxycycline, l'un des antibiotiques efficace contre l'anthrax. L'année suivante, ce sont plus de 130 millions de dollars qui furent débloqués à cet effet par le Congrès américain, budget porté à 182 millions de dollars en 2002.

Le FBI a pour sa part triplé en quatre ans ses effectifs pour le contre-terrorisme, disposant actuellement d'une équipe de 2000 hommes et femmes qui se consacrent exclusivement à cette tâche. La réorganisation complète des organismes de sécurité américains, décidée par George Bush Jr au printemps 2002, fait qu'au total encore plus de personnes sont impliquées dans la surveillance et la protection des États-Unis contre la menace terroriste au sens large.

**

Et en France ? La direction de la Sécurité civile, qui relève du ministère de l'Intérieur, possède depuis longtemps déjà un « Plan rouge », pour le secours en cas de catastrophe de masse. Elle comprend une cinquantaine de cellules mobiles d'intervention chimique réparties sur tout le territoire, avec toutefois une plus grande concentration près des grandes installations chimiques industrielles. Un laboratoire mobile basé à Chartres peut identifier en moins de vingt minutes un gaz suspect.

La guerre du Golfe, et quatre ans plus tard l'attaque de la secte Aum dans le métro de Tokyo, ont poussé notre pays à envisager sérieusement un risque d'attaque chimique. Les responsables de la lutte antiterroriste ont en 1991 élaboré le plan « Piratox » (classé « secret défense ») pour interdire le débarquement sur le sol français d'un groupe de fanatiques disposant d'une arme de destruction massive. Ce plan, revu en 1999, fut rebaptisé « Biotox » en 2001, dans la foulée des attentats de New York et Washington. Pour tout ce qui concerne le stockage, le transport et la manipulation des produits biologiques à risque, les règles de sécurité sont renforcées, tout comme le suivi des produits à risque. Les agents infectieux ou biologiques à être mis sous haute surveillance sont la peste, le charbon, la brucellose, la variole, les agents des fièvres hémorragiques, le *Clostridium botulinum*, les entérotoxines B du staphylocoque, les saxitoxines, la ricine, et la toxine diphtérique. Le plan Biotox prévoit également un renforcement de la protection des circuits d'eau potable et des contrôles de qualité de celle-ci. Les professionnels de santé doivent déclarer tout cas suspect de maladie pouvant laisser penser à une épidémie, l'Institut de veille sanitaire coordonnant l'information et l'action sur l'ensemble du territoire.

Les services de sécurité français se sont pour leur part exercés à plusieurs reprises à contrer des attaques chimiques, chacun de ces scénarios étant classé confidentiel-défense. D'une part pour ne pas affoler la population, d'autre part pour ne pas révéler ses faiblesses aux adversaires éventuels, qui ne manqueraient pas de les exploiter. Comme le rappelle Alain Jouan, médecin-chef au service de santé des armées : « Le principe du plan Biotox est de ne pas divulguer notre action, pour qu'"ils" ne sachent pas ce que nous ne faisons pas. La liste compte 250 agents pathogènes, et l'on ne peut pas prendre des mesures très rapides contre tous. Nous avons donc une conduite probabiliste, en en sélectionnant beaucoup, mais il y en a quelques-uns sur lesquels nous avons fait l'impasse... »

On sait seulement qu'une de ces simulations eut lieu le 4 avril 1997 à Paris. Elle consista à simuler un attentat aux gaz neurotoxiques dans les couloirs du métro Nation. Le bilan virtuel est qu'un tel attentat aurait fait 120 morts [8] !

Le dernier exercice rendu public s'est déroulé le 12 juin 2001, et dura près de quatre heures. À l'abri des hauts

8. *Le Figaro* du 8 oct. 2001.

murs du centre de formation des cadres des Sapeurs-pompiers de Paris, au Fort de la Briche à Saint-Denis, un quai de station de métro a été reconstitué, avec cinq wagons. Certains n'en sont pas moins critiques à l'égard de ces plans de prévention. Pierre Lellouche notamment, député et membre de la Commission de défense à l'Assemblée nationale, ne ménage pas ses critiques : « Le plan Biotox, je ne sais pas ce que c'est. J'ajoute que je ne connais personne qui sache en quoi consiste ce plan. Avant il y avait Piratox, maintenant il y a Biotox. Si l'on ne veut pas que ce soit de l'intox, on aurait intérêt à dire aux Français de quoi il s'agit[9]. » On peut toutefois imaginer que si le gouvernement français – mais il n'est pas seul dans ce cas – est avare de détails sur ce plan Biotox, c'est pour des raisons évidentes de sécurité. Et si le sujet est resté tabou en France pendant toutes ces années, c'est pour ne pas ajouter de psychose au climat d'insécurité existant.

Pour Christian Sommade, secrétaire général du Haut comité français de la Défense civile, expert du risque bactériologique, il faut pourtant être plus vigilant que jamais : « Dans le nouveau contexte géostratégique, associé aux phénomènes de trafic en tous genres, des circuits financiers opaques, de la diffusion du savoir technologique, et des nouvelles techniques de communication, il est désormais possible pour des groupes terroristes d'acquérir des capacités d'agression utilisant des agents radiologiques, biologiques ou chimiques[10]. »

**

9. *New York Times* du 9 nov. 2001.
10. Interview pour *Sciences et Avenir*, nov. 2001.

On l'aura compris, il s'agit désormais, pour faire face à ce nouveau type de terrorisme, d'organiser des ripostes totalement nouvelles : disposer de diagnostics en quelques heures, fabriquer des antidotes, des vaccins ou des antibiotiques le plus rapidement possible en très grande quantité, et traiter simultanément des milliers, voire des centaines de milliers de personnes. Tout cela en sachant que les personnels de santé et de sécurité peuvent eux-mêmes être atteints, que les grands services de l'État peuvent être désorganisés par manque de personnel, et que la panique peut compliquer gravement les choses, surtout si l'attaque s'accompagne d'une campagne de rumeurs et de désinformation.

La gravité de ce qui peut arriver est illustrée par deux épidémies de variole survenues en Allemagne en janvier 1970, et surtout en Yougoslavie en février 1972. Le résultat, ce furent 20 millions de personnes vaccinées, et quelque 10 000 autres placées pendant deux semaines en isolement total. Les pays limitrophes durent même fermer temporairement leurs frontières. L'épidémie s'éteignit neuf semaines plus tard après avoir touché près de 200 personnes et fait 35 morts.

Citons encore cette alerte survenue aux États-Unis en 1962 qui souleva une vive inquiétude : il s'agissait d'un jeune canadien revenant du Brésil par avion et ayant transité par New York avant de prendre le train pour Toronto. Il fut alors envisagé de fermer la frontière américano-canadienne, pour ce seul cas ! C'est dire si l'on prend ce danger au sérieux.

Enfin, on ne peut oublier le relâchement accidentel d'anthrax à partir d'une usine d'armes biologiques de Sverdlovsk, dans l'Oural, en 1979, qui fit une centaine de morts.

La capacité de réponse à une attaque se situe, nous l'avons vu, sur plusieurs plans : détection précoce grâce à des analyseurs performants et des réseaux épidémiologiques efficaces, stocks de vaccins importants, et bonne information du public. Mais la clé de tout, répétons-le, ce sont les organismes de santé : cliniques et hôpitaux évidemment, mais également les laboratoires et instituts de recherche biologiques, ainsi que les équipes de secours (Samu, pompiers). Il faut absolument mettre en place des équipes médicales capables de vérifier rapidement si une alerte est sérieuse ou pas, d'identifier l'agent responsable, et de prendre des mesures de décontamination si nécessaire.

Aux États-Unis les réseaux de surveillance épidémiologiques de la population sont ainsi de mieux en mieux organisés, et s'équipent progressivement pour pouvoir détecter très vite les cas suspects. Des centres de recherche – militaires pour la plupart – comme le laboratoire Lawrence Livermore à Brookhaven près de Los Alamos, et le laboratoire national Sandia d'Albuquerque au Nouveau-Mexique, ont mis au point des appareils de détection très sensibles. D'ici peu on devrait disposer du catalogue des « signatures chimiques » de tous les produits pathogènes existants, y compris pour les plantes. Il faut encore plusieurs jours actuellement pour identifier un agent de guerre biologique ou bactériologique. Le but est de réduire ce temps à moins d'une demi-heure.

Les services secrets ont quant à eux réorienté une partie de leurs effectifs vers la surveillance des milieux de la biochimie et de la biotechnologie. Une trentaine de villes américaines sont en outre associées dans un programme de simulation d'attaques afin d'entraîner leurs équipes. Enfin, des conférences sont régulièrement organisées sur ce thème pour que les différents acteurs puissent partager leur savoir et leurs informations. La dernière en date, à l'initiative de l'université de Virginie, en avril 2001, était intitulée « Responsabilité publique et destruction de masse : la menace bioterroriste ». Un certain nombre s'étaient déjà tenues sur ce thème bien avant les attentats du 11 septembre. Prouvant – s'il en était besoin – que ce type de menace commençait déjà à être pris très au sérieux depuis plusieurs années, aux États-Unis en particulier.

Chapitre 4

Panique au Japon

Si l'attentat au gaz sarin par la secte Aum dans le métro de Tokyo, en 1995 fut très médiatisé, il n'était en fait que la partie visible de l'iceberg. Cette attaque, de nature chimique, fut en effet précédée d'une attaque bactériologique de grande envergure, dont personne n'eut conscience à l'époque. Faute d'avoir été correctement préparée elle n'eut fort heureusement pas le succès escompté, et c'est pour réussir malgré tout dans leur entreprise que les responsables de la secte ont finalement opté pour le gaz sarin.

Il n'est pas inintéressant, du fait des questions restées sans réponses – et pour le cas d'école qu'elle représente – de revenir en détail sur cette affaire qui comporte encore bien des zones d'ombre. Par exemple pourquoi n'y a-t-il pas eu d'inculpations directement liées à l'attentat lui-même ? Et pourquoi la secte n'a-t-elle pas été dissoute après cette affaire ? Il est étonnant de savoir en effet que Aum Shinrykio a toujours pignon sur rue au Japon...

**

L'homme d'une trentaine d'années qui, ce lundi 20 mars 1995, venait de monter dans le wagon à la station Naka-meguro, avait un air bizarre. Non à cause du masque blanc en forme de calotte qu'il portait devant le nez – beaucoup de japonais en utilisent pour se protéger de la pollution et des miasmes de leurs voisins – mais parce qu'il portait des lunettes de soleil, ce qui est plutôt inhabituel dans le métro.

L'individu descendit à Kayabacho, la station suivante, en abandonnant sur le siège un des ces petits emballages de repas en polystyrène, enveloppé dans du papier journal. Après le petit bip sonore le train a redémarré, en direction de Tsukiji. Il était exactement huit heures du matin.

Huit minutes et trois arrêts plus loin, une odeur forte commença à se dégager du paquet oublié. Des passagers se mirent à tousser, et quelqu'un cria d'ouvrir la fenêtre. Puis des femmes commencèrent à prendre des mouchoirs en papier pour les placer devant la bouche. Un liquide incolore s'écoulait de la barquette abandonnée et dégoulinait sur le sol, formant une flaque dans laquelle plusieurs personnes avaient déjà marché sans faire attention.

Au même moment, dans une autre station, à Kasumigaseki, c'est dans une poubelle que l'on découvrait un récipient dégageant une odeur forte, semblable à celle d'un diluant pour peinture. Dans seize stations au total, sur trois lignes différentes, des scènes similaires se déroulaient. Partout les passagers s'interrogeaient du regard, à mesure que leurs yeux se brouillaient. Et lorsque la douleur thoracique devint intolérable, ils commencèrent à paniquer.

Partout c'était le même spectacle : des voyageurs sortant en courant de wagons bondés avant de perdre connaissance, d'autres vomissant ou se tordant de douleur sur le quai. Certains, allongés à même le sol, étaient secoués de spasmes, tandis que d'autres saignaient du nez, crachaient, toussaient et se plaignent de douleurs aux yeux. Les plus valides couraient vers la sortie.

Le métro de Tokyo venait de se transformer en piège mortel. Les secours n'ont pourtant pas tardé, et le défilé de ces hommes en combinaisons de caoutchouc orange, masque à gaz sur le nez, n'était pas sans rappeler les préparatifs de la guerre du Golfe vus à la télévision quelques années auparavant. Au milieu des gyrophares, ces militaires spécialisés dans la lutte contre les armes chimiques s'engouffraient au pas de course dans les stations de métro désertées. Ils traînaient avec eux une énorme lance crachant un produit pour neutraliser le poison.

Moins de deux heures plus tard les analyses confirmaient que les vapeurs mortelles contenaient du sarin, un gaz de combat très toxique. Il était dilué dans un dérivé d'acétone destiné à retarder sa diffusion. Six récipients de ces gaz furent déposés par des personnes différentes dans cinq rames de métro.

Tous les lits disponibles dans les 234 hôpitaux ou cliniques de la capitale et des environs furent aussitôt réquisitionnés, mais cela ne suffit pas et de nombreux malades furent traités dans le hall d'entrée ou les couloirs. Des personnes toujours plus nombreuses se pressaient près de la porte d'entrée, jouant des coudes devant la grande feuille qui affichait la liste des victimes, sur laquelle les infirmières venaient régulièrement ajouter de nouveaux noms. Longue litanie qui rappelait celle des victimes du récent séisme de Kobé, encore dans toutes les mémoires tout particulièrement au Japon. Au total, cet attentat aura fait 12 morts et 4 700 blessés.

**

Les 1 600 habitants du petit village de Kamikuishiki, à une centaine de kilomètres de Tokyo, vivaient paisiblement au pied du mont Fuji. Majestueux, le volcan à la collerette blanche éternelle s'imposait depuis toujours dans ce paysage de carte postale. C'est pourtant dans ce décor idyllique que les enquêteurs allaient trouver, au lendemain de l'attentat dans le métro de Tokyo, un étonnant arsenal. Après avoir discrètement encerclé les onze bâtiments entourés d'un haut grillage aux mailles serrées, pas moins de 1 200 hommes en tenue de combat sont intervenus, certains portant d'étranges combinaisons. La perquisition permit de saisir de très importantes quantités de produits chimiques, dont du trichlorure de phosphore (pouvant servir à la fabrication du sarin), des bidons d'acétonitrile (un solvant utilisé pour diluer et transporter ce produit), deux tonnes de chloroforme et d'éthanol, et une quinzaine de récipients d'éther. La fouille se poursuivit le lendemain avec l'aide d'une unité de l'armée spécialisée dans la lutte contre la guerre chimique. Au total, les policiers ont chargé 34 camions de substances diverses, dont les 180 tonnes de trichlorure de phosphore, de quoi fabriquer 40 tonnes de sarin : c'est la moitié du stock de l'armée irakienne avant la guerre du golfe !

En perçant un mur de plâtre derrière une grande statue de Bouddha dorée, les policiers découvrirent un premier laboratoire. Il en existait un autre dans un bâtiment attenant, doté d'équipements de valeur dont un spectromètre pour des analyses chimiques poussées. Ce local était muni d'un puissant système de purification de l'atmosphère, qui ne se justifiait que si l'on travaille sur des vapeurs toxiques...

La grande surprise sera, le 28 mars, la découverte de quelques 10 kilos de peptone, une substance servant à la cultures de bactéries, ainsi qu'une certaine quantité de

Clostridium botulinum, un bacille qui secrète une redoutable toxine provoquant le botulisme, et dont un seul gramme peut tuer des centaines de milliers de personnes... Les policiers ont par ailleurs mis la main sur 300 livres de biochimie ainsi que des incubateurs et des microscopes électroniques. Tout ce qu'il fallait pour fabriquer des armes biologiques. Les enquêteurs feront d'autres découvertes inquiétantes, comme cette commande deux petits hélicoptères télécommandés qui pouvaient être utilisés pour répandre des engrais... ou autre chose

Le gourou, quant à lui, avait disparu depuis l'attentat. Sur la chaîne de télévision publique NHK il fit diffuser un enregistrement vidéo dans lequel il apparut calme, affirmant avec aplomb : « Les produits retrouvés dans nos locaux servent à faire de la poterie et des herbicides. Je ne vois pas comment on peut fabriquer du sarin avec cela. »

L'on apprit peu après que Shoko Asahara avait cherché à quitter le Japon pour la Russie. Son nom figurait sur la liste des passagers d'un vol des Japan Airlines pour Moscou, mais il ne s'est pas présenté à l'aéroport. Après le temps des perquisitions, vint celui des arrestations. Elles commencèrent par l'interpellation de fidèles récalcitrants qui s'opposaient aux fouilles. Première personne interpellée, le Dr. Ikuo Hayashi, un cardiologue présenté comme étant le chef du « ministère médical » de la secte. Puis ce furent Tomomitsu Niimi, chef de la sécurité, Tetsuya Kibe, directeur de la défense, et Masami Tsuchiya, chef de l'unité chimique. Avec l'arrestation à Fujinomiya, à l'est de Tokyo, de Kiyohide Hayakawa, considéré comme l'organisateur de l'attentat du métro, la direction de la secte put être considérée comme décapitée.

**

Le grand gourou, Shoko Asahara, qui venait de fêter son quarantième anniversaire, restait quant à lui introuvable. Cet homme obèse et quasiment aveugle régnait tel un dieu sur une communauté de plusieurs dizaines de milliers de fidèles. De son vrai nom Matsumoto Chizuo, il est né dans l'île de Kyu-shu, tout au sud de l'archipel nippon. Son père, fabricant de tatamis, l'envoya dans une école pour aveugles où il s'imposa rapidement, car il était aussi ambitieux que violent. L'un de ses professeurs se souvient qu'après avoir été puni parce qu'il bavardait, le jeune Matsumoto a menacé de mettre le feu au dortoir... En 1974, il obtient un diplôme d'acupuncteur et ouvre une pharmacie spécialisée en médecine traditionnelle chinoise, mais en 1982 se retrouve emprisonné pendant trois semaines pour escroquerie. Une arnaque aux remèdes miracles qui l'enrichira cependant de l'équivalent de 300 000 euros... C'est en 1984 qu'il fonde l'association Aum Shinsen Nokaï, un cercle privé où l'on pratique le yoga. L'exercice de cette technique hindoue, alors peu connue au Japon, remporte un franc succès.

On assiste à la même époque à une floraison de « nouvelles religions » dans l'archipel. Pourquoi donc ne fonderait-il pas la sienne ? C'est ce qu'il fait en 1987, avec une poignée de fidèles, devant lesquels il évoque de plus en plus souvent l'Apocalypse. Parti méditer dans un village au pied de l'Himalaya, il revient en affirmant avoir été touché par « le réveil ultime ». C'est alors – nous sommes en 1989 – que Matsumoto Chizuo prend le nom de Shoko Asahara, « Chant du lin » en japonais. Le plus étonnant est qu'il obtient sans difficulté un agrément ministériel pour son groupe religieux, baptisé Aum Shinri-kyo, la secte de la « Vérité suprême » ! Il jouit alors d'une exonération fiscale qui lui permet de faire fructifier les fonds collectés, provenant de donations, de ventes de matériel informatique, et aussi en partie du trafic de drogue. Shoko Asahara multiplie par ailleurs les achats de terrains et d'entreprises, notamment pharmaceutiques, afin de se procurer légalement d'énormes quantités de produits chimiques. Il a aussi voyagé, notamment en France. Durant l'été 1988, puis en 1993, il s'est enfermé pendant une semaine à la Bibliothèque nationale pour y compulser les écrits de Nostradamus. Sa secte s'est également installée à Moscou, Bonn, New York, et au Sri-Lanka, achètant par ailleurs une propriété en Australie.

Le gourou d'Aum s'est même présenté aux élections législatives japonaises de 1990, où il ne recueillit que 1800 voix à Tokyo. Il reste que cette brève incursion en politique le fit connaître dans tout le Japon, lui sa secte...

**

Le 23 avril se produit un nouveau coup de théâtre, lorsque le « ministre de la Science » d'Aum, Hideo Murai, est poignardé dans la rue avec un couteau de cuisine, par un individu qui a surgi de la foule rassemblée devant le siège de la secte à Tokyo. Le meurtre s'est déroulé sous l'œil des caméras de télévision et sous le crépitement des flashes des photographes. Hidéo Murai décédera dans la nuit, à l'hôpital. Son agresseur, Hiroyuki Jo, 29 ans, est un chômeur d'origine sud-coréenne, qui affirme avoir voulu « punir » Hidéo Murai pour les activités nocives de la secte. Sa disparition prive en tout cas la police d'un témoin de première importance. Titulaire d'un doctorat ès-sciences de la prestigieuse université d'Osaka, l'homme était également le patron de l'installation de Kamikuishi, où les enquêteurs ont trouvé les produits chimiques entrant dans la composition du sarin. On ne peut alors s'empêcher de se poser la sempiternellle question : à qui profite le crime ?

Murai avait le second rang dans la hiérarchie religieuse d'Aum, immédiatement derrière le gourou. Responsable de toutes les installations scientifiques de la secte et de ses investissements dans ce domaine, il était sans doute de ceux qui, au sein de la secte, connaissait le mieux les rouages de l'organisation. Pourtant, les enquêteurs n'ont jamais cherché à l'interroger. Et les images vidéo enregistrées durant la journée sur les lieux du crime montrent que l'assassin était déjà sur place dès la fin de la matinée. Il a ainsi assisté à l'arrivée du porte-parole et du « ministre de la justice » de la secte, sans chercher à les approcher. C'est seulement dans la soirée qu'il frappe sa victime. C'est donc bien le « ministre » de la science qu'il voulait éliminer, et personne d'autre, ce qui renforce la thèse d'un meurtre commandité.

D'autres bizarreries sont à souligner, comme cet étonnant mouvement boursier enregistré sur les titres de Shigematsu Works, une société fabriquant des masques à gaz. Trois et quatre jours avant l'attaque au gaz ses actions ont fait l'objet de transactions douze fois plus importantes que d'habitude sur Ie marché des ventes au comptant : 135 000 titres échangés le jeudi, et autant le lendemain, contre seulement 1 000 la veille... « C'est visiblement anormal », s'est contenté de commenter un porte-parole de l'entreprise, sans pour autant fournir une explication. Les achats d'actions de la société Koken, autre grand fabriquant japonais de masques à gaz, ont-elles aussi été dopées...

Aum Shinrikyo était remarquablement organisée, les adeptes utilisant pour communiquer un réseau informatique très populaire au Japon, le réseau « Nifty » qui compte près d'un million d'utilisateurs issus de tous les horizons. Les adeptes de la secte se connectaient sur la rubrique « spirituelle », et échangeaient des messages codés, sous forme de bulletins météos. Dans les heures précédant la perquisition, intervenue à 7 heures du matin, un bulletin annonçait ainsi « 100 % de risques de pluie à 7 heures », alors que la météo réelle était sans nuages...

Autre point troublant : pourquoi une précédente affaire qui fit presque autant de victimes que dans le métro de Tokyo n'a-t-elle donné lieu à aucune enquête ? Un premier attentat mortel au gaz toxique – dont on n'a pas parlé à l'époque hors du Japon – fut en effet perpétré en juin de l'année précédente à Matsumoto, 150 kilomètres au nord-ouest de Tokyo. Sept personnes y trouvèrent la mort, et près de 200 autres furent gravement empoisonnées. Le gaz mortel utilisé était, là aussi, du sarin.

« La prochaine fois, il se produira une grande tragédie sur une scène encore plus vaste », avait alors pronostiqué Kyle Olson, un spécialiste américain, dans le numéro de février du magazine japonais *Marco Polo*. Pour lui, l'attentat de Matsumoto n'était qu'une simple répétition. L'expert américain faisait également remarquer le peu de préoccupation manifesté par le gouvernement japonais pour l'affaire de Matsumoto. Pour lui ces morts n'étaient que de simples « cobayes », et cette petite ville ne fut utilisée que comme un banc d'essai par un groupe terroriste qui entendait utiliser ce gaz dans une grande ville.

**

Les titres des médias ont d'abord laissé pensé que l'attentat de Tokyo visait à frapper, au hasard, un maximum de victimes. Un attentat aveugle, ni plus ni moins, perpétré par une bande d'illuminés. Mais une analyse attentive des faits conduit à penser différemment.

En premier lieu, on soulignera que dans les voitures du métro la disposition des paquets contenant le gaz toxique suivait un ordre qui ne devait rien au hasard. Les enquêteurs ont immédiatement remarqué que les cinq rames à avoir été piégées devaient toutes s'arrêter entre 8 h 09 et 8 h 13 dans la station de Kasumigaseki, au cœur du centre administratif de la capitale. C'est là que sont situés notamment les ministères des Affaires étrangères et des Finances ainsi que les bureaux de la police de Tokyo. Les emballages contenant le gaz mortel étaient tous disposés dans les voitures s'arrêtant devant la sortie A2, la seule qui mène directement au siège de la police. Or les policiers de jour relèvent leurs collègues de nuit vers 8 h 30, tandis que la plupart des fonctionnaires des ministères n'arrivent à leur bureau qu'à 9 heures.

La police de Tokyo a d'ailleurs reconnu que des membres de son personnel avaient été intoxiqués, refusant de préciser combien parmi ses employés furent victimes du gaz toxique. C'est bien le signe que cette information pouvait être importante pour les instigateurs de l'attentat. La vraie question tient donc en quelques mots : qui a réellement commandité l'attentat de Tokyo ?

L'une des pistes passe par des hommes politiques nippons. Il est de notoriété publique qu'il existe des liens étroits, au Japon, entre certaines sectes religieuses et des hommes politiques. La secte bénéficiait donc de soutiens au cœur même du système japonais, ce qui est plausible dans la mesure où plusieurs de ses membres ont laissé entendre, lors des interrogatoires, qu'ils avaient été alertés, le temps de cacher ou d'effacer des preuves...

L'hypothèse d'une utilisation de la secte Aum comme

paravent par des hommes politiques est tout à fait plausible. Ne serait-ce que pour déstabiliser la Soka Gakkaï, la plus grande secte bouddhiste du Japon, liée au parti d'opposition du Komeito. Peut-être aussi hébergeait-elle discrètement une sorte de loge comme celle du « Double Pouvoir » italien (P2) d'il y a vingt ans, regroupant des nostalgiques d'un pouvoir fort.

Il faut bien enfin évoquer l'ombre des Yakuzas, la puissante mafia japonaise. Par une étonnante coïncidence l'assassin du numéro 2 de la secte – un extrémiste d'extrême-droite – était logé dans un immeuble appartenant au Yamaguchi-Gumi, la plus puissante branche des Yakusas... De plus, la police enquêtait sur les relations suivies qu'entretenait la secte Aum avec un gang du nom de Goto-Gumi, présenté comme la filiale la plus dangereuse des Yakusas – dont les activités mafieuses sont réparties dans tous les secteurs du crime organisé. Le gang de Goto-Gumi règne ainsi sur Fujinomia – une ville de 200 000 habitants située 150 km à l'ouest de Tokyo – où la secte Aum a justement son quartier général. Tout cela fait décidément beaucoup de coïncidences.

**

Des menaces d'attaques au gaz, toujours liées à la secte Aum, il y en eut également hors du Japon : en Australie, en Russie et aux États-Unis. Ainsi, en Californie, des lettres anonymes rédigées dans un anglais approximatif furent-elles envoyées à deux compagnies aériennes japonaises et à l'Office du tourisme. Signées « L'Equipe », elles déclaraient que le métro de Tokyo n'était qu'un essai. Grâce à une information de la police japonaise le FBI interpellera à leur descente d'avion, à Los Angeles, deux Japonais qui se révèleront être des membres de la secte

Aum. Ils portaient sur eux des instructions écrites sur la façon de fabriquer du sarin, ainsi qu'une cassette vidéo sur un projet d'attentat chimique dans le parc d'attraction Disneyland pendant les fêtes de Pâques 1995.

Quant à l'Australie, elle n'est pas une terre inconnue pour Aum. Un groupe de vingt cinq fidèles – dont Shoko Asahara lui-même, accompagné de six jeunes filles – ont en effet débarqué à l'aéroport de Perth le 9 septembre 1993. À leur descente d'un avion de la compagnie Qantas les douaniers ont découvert que deux des personnes du groupe, le Dr. Tomomasi Nakagawa et le Dr. Seiichi Endo, transportaient divers produits chimiques, dont de l'acide chlorhydrique, dans des flacons en matière plastique noire étiquetés « savon liquide pour les mains ». Les deux hommes, interpellés pour transport de matières dangereuses dans un avion, ont affirmé que cet équipement devait servir à la prospection aurifère dans le ranch que la secte possédait en Australie. Elle avait effectivement acheté un ranch quelques mois auparavant, dans la région isolée de Leonora, 700 km au nord-est de Perth. Et l'on se demande toujours pourquoi la secte a dépensé par ailleurs 240 000 dollars pour transporter également dans le pays du matériel de forage accompagné de produits chimiques.

**

Les interrogatoires, les aveux lors du procès, et les confessions tardives de certains membres de la secte, indiquent que les attaques bactériologiques menées par Aum furent plus nombreuses qu'on ne le pense. L'affaire du sarin, parce que spectaculaire, a totalement occulté cet autre volet, plus terrible par ses perspectives. Des microbes et des toxines variés furent en effet lâchés dans l'air, du toit d'immeubles et à partir de voitures. Ce fut heureusement sans résultat, probablement par suite d'une trop grande dilution dans l'air. Les spécialistes en armes bactériologiques insistent d'ailleurs pour dire que le choix du mode de diffusion est primordial.

En juillet 1993, notamment, fut installé un système de canalisations pour conduire le liquide toxique sur le toit d'un immeuble appartenant à la secte. La dispersion fut maintenue 24 heures durant, et la police intervint sur plainte des voisins, en raison de l'odeur. Mais la loi japonaise, qui protège les sectes, lui interdisait de mener des recherches dans cet immeuble. Les policiers ont donc seulement prélevé des échantillons du liquide qui fuyait d'un tuyau à l'extérieur.

Personne ne fut alors atteint de maladie, comme l'expliqua le chimiste japonais Hiro Takahashi lors d'une conférence qui s'est tenue à Annapolis, Maryland, aux États-Unis, en juin 2001. On y apprit par ailleurs [11] que des biologistes américains de l'université d'Arizona à Flagstaff ont réanalysé cet échantillon confié par les autorités japonaises, et y ont trouvé des bacilles d'anthrax en très grand nombre ! Fort heureusement, il s'agissait de la souche « Sterne », utilisée pour fabriquer des vaccins pour animaux, et à laquelle il manque le fragment d'ADN qui en ferait une bactérie pathogène. Sous cette forme elle ne pouvait donc rendre personne malade, et il apparaît donc que les biologistes d'Aum n'avaient pas la compétence voulue pour faire la différence.

Au total, ils n'en ont pas moins effectué neuf tentatives de dispersion d'anthrax et de toxine botulique sur

---

11. Compte-rendu de Debora MacKenzie dans le magazine *New Scientist* du 1er septembre 2001.

Tokyo. Les enquêteurs ont également retrouvé des plans de dispersion à partir d'un petit avion sans pilote, les cibles étant le parlement japonais, le Palais impérial, et la base américaine de Yokosuka, qui n'est autre que QG de la 7e flotte américaine !

La première de ces tentatives eut lieu un mois après que la secte ait obtenu sa culture de microbes, en avril 1990. Un convoi de trois véhicules circula alors dans les rues de Tokyo pour disperser des germes par l'échappement du moteur. Shigeo Sugimoto, le chauffeur du gourou, a parfaitement décrit cette opération après son arrestation. Il a expliqué comment les véhicules en question ont sillonné tout le quartier qui borde la baie de Tokyo dans le but de contaminer le personnel de la base américaine implantée là. Puis ils se sont dirigés vers le sud afin de longer les installations de l'U.S. Navy.

Trois années passèrent. En juin 1993 la secte essaya de perturber le mariage du prince Naruhito, héritier de la couronne impériale, en répandant de la toxine botulique à l'aide d'une automobile spécialement équipée d'un ventilateur spécial. Quelques jours plus tard, changement de méthode. Cette fois il s'agissait d'anthrax diffusé par un système de pulvérisation placé sur le toit d'un immeuble. Cette dissémination se prolongea pendant quatre jours, mais ne réussit qu'à tuer quelques chiens et chats. Entre temps une autre équipe se rendit au Zaïre pour tenter d'en rapporter le virus de la fièvre hémorragique Ebola. Là encore sans succès.

C'est alors que se produit, le 15 mars 1995, la première tentative – avortée –, dans le métro de Tokyo, avec de la toxine botulique. Le terroriste chargé de l'opération eut finalement des scrupules et substitua au colis mortel une substance non-toxique. C'est l'échec de cette attaque qui a finalement conduit les responsables de la secte à employer le sarin.

La leçon à retenir est que des terroristes disposant d'un minimum de connaissances scientifiques peuvent perpétrer des attentats biologiques ou bactériologiques plus meurtriers que les classiques bombes déposées dans des lieux publics. Pour l'instant, les exemples d'actes de bioterrorisme restent cependant assez rares, mais pour combien de temps ?

Le seul cas avéré avant Tokyo se situe dans l'état d'Oregon, aux États-Unis, où en 1984 une autre secte contamina des salades dans plusieurs restaurants fast-food avec des salmonelles. Cette fois-là, heureusement, il n'y eut pas de morts, mais néanmoins quelques hospitalisations pour intoxication alimentaire.

N'oublions pas qu'en cette année 1984, une fuite à l'usine américaine Union Carbide de Bhopal, en Inde, fit quelque 4000 morts au méthylcyanide, un composé de pesticide qui entre ainsi dans la composition des gaz de combat. Ce fut clairement un accident, mais il aurait tout aussi bien pu s'agir d'un sabotage, ou d'un acte de malveillance. Cette catastrophe montre bien ce qu'il est possible d'obtenir sans pour autant avoir recours à un arsenal militaire... Le terrorisme chimique et biologique ce pourrait aussi être cela, et ce qui s'est passé à l'usine AZF de Toulouse en septembre 2001 – qu'elle qu'en soit la cause première – n'est pas de nature à nous rassurer.

Chapitre 5

Hécatombe à Sverdlovsk

Si l'on a désormais beaucoup de détails sur les accidents nucléaires qui se sont produits dans l'ex-Union soviétique, une chape de plomb continue en revanche de recouvrir les accidents chimiques ou bactériologiques.

Le plus grave reste celui qui s'est produit le 2 avril 1979 à Sverdlovsk (aujourd'hui redevenue Ekaterinbourg), dans l'Oural. Les Occidentaux ont dès le début affirmé qu'il s'était produit une fuite ou une explosion dans un centre de fabrication d'armes biologiques, avec pour conséquence la dissémination de germes du bacille charbonneux (anthrax).

L'administration Carter, aux États-Unis souligna du même coup que l'URSS violait la Convention sur les armes biologiques signée en 1972, ce que les autorités soviétiques nièrent formellement. Cette Convention – qui fait suite à plusieurs autres (Bruxelles, La Haye, Genève) interdit la fabrication et le stockage d'armes bactériologiques (à virus) ou biologiques (à toxines), mais n'interdit pas la recherche à but défensif. Or les deux sont liés puisqu'il faut connaître les effets de l'arme offensive pour en étudier les parades... L'une des grandes faiblesses de cette convention de 1972 est donc l'absence de procédures de vérification.

Le résultat de l'accident de Sverdlovsk fut en tout cas autrement plus meurtrier que la petite vague de lettres piégées à l'anthrax aux États-Unis en 2001 puisqu'elle fit une centaine de morts, avec des milliers de personnes hospitalisées, et un grand nombre d'autres évacuées. C'est pourquoi il faut lui consacrer un certain développement.

**

L'affaire remonte au 4 avril 1979. Ce jour-là une sourde inquiétude commence à gagner la population de Sverdlovsk – une ville de 1 200 000 habitants située sur le versant oriental de l'Oural, 1 400 kilomètres à l'est de Moscou. Huit personnes, ce jour-là, furent en effet admises à l'hôpital sans raison apparente. Toutes présentaient une forte fièvre, un bleuissement des lèvres, et des difficultés respiratoires. Elles mourront quelques heures plus tard et l'autopsie révèlera un œdème pulmonaire. De nouveaux cas se déclareront, plus nombreux, dans les jours suivants.

La crise débuta vraiment au matin du 7 avril, quand les instances municipales furent informées qu'une série de décès anormaux s'était produite le week-end précédent. L'épidémie – que l'on baptisa alors « ulcère sibérien » – atteindra son intensité maximale le 19 avril, avec dix cas par jour.

Le responsable sanitaire du district diagnostiqua bien la maladie du charbon, affirmant que l'épidémie avait pour origine une vente illégale de viande avariée. Les autorités feront tout pour convaincre les habitants que le responsable de cette épidémie était une ferme située à l'extérieur de la ville. Par la suite l'explication officielle – sans doute pour gagner en crédibilité – se fera plus précise : il s'agissait de 29 tonnes d'os destinés à être transformés en aliment pour bétail, mais avaient été vendues clandestinement quelques semaines auparavant dans la région d'Aramil, 15 kilomètres au sud-est de Sverdlovsk. Le problème est que tous ceux qui ont contracté la maladie vivaient ou travaillaient à proximité immédiate de l'usine militaire, et non à la campagne...

Les médecins – sans toutefois réfuter trop fort la version des autorités pour ne pas s'attirer d'ennuis – refusèrent cette explication, ayant pour leur part constaté que les victimes ne présentaient pas les symptômes d'une infection charbonneuse intestinale, comme cela serait le cas s'ils avaient ingéré de la viande non consommable. Les symptômes étaient typiquement ceux de la forme la plus grave de cette maladie, celle du charbon bronchopulmonaire. Les victimes n'avaient donc pas mangé mais inhalé des spores infectieuses véhiculées par voie aérienne. Il reste que la consommation involontaire de viande d'animaux contaminés provoqua bien, plusieurs semaines après l'accident, des cas d'anthrax intestinaux.

Les services secrets américains, assez vite informés de l'affaire, ne nourrissaient quant à eux aucun doute : l'épidémie avait pour origine le « Kombinat n° 19 », usine justement répertoriée comme centre militaire secret fabricant des agents pour le programme d'armes bactériologiques. Les premiers malades qui arrivèrent à l'hôpital étaient d'ailleurs tous des militaires affectés à cet établissement.

« Des gens ont commencé à mourir à partir du 5 ou du 6 avril, se souvient le Dr. Marguerita Ilyenko, administrateur de l'hôpital de Sverdlovsk. Avant cela, on avait remarqué que des animaux mouraient en grand nombre, surtout des moutons et des porcs. Puis ce fut le tour des humains. Et très vite ce fut le cauchemar. Les ambulances amenaient sans cesse de nouveaux patients. Certains encore vivants, d'autres déjà morts. La plupart des malades furent emportés en 48 heures, et personne au début ne comprenait la cause de cette hécatombe. Dès les premières manifestations de l'épidémie, ces médecins, ainsi que les infirmières et leurs familles, furent vaccinés et soumis à des doses quotidiennes de tétracycline. »

La seconde vague était surtout composée d'ouvriers d'une fabrique de porcelaine voisine, qui se trouvait « sous le vent » de l'usine. Le ministre de la Santé en personne, Boris Petrovsky, ainsi que le ministre de la Défense, Dimitri Ustinov se sont rendus sur place. De si importantes personnalités auraient-elles fait le voyage de Moscou à Sverdlovsk – 2700 kilomètres aller-retour – pour une épidémie provoquée par de la viande avariée ? Et pourquoi a-t-on rasé avec autant d'empressement les alentours du camp militaire pour les recouvrir de bitume ? L'épidémie cessa six semaines après le premier cas, sans doute à cause du traitement à la pénicilline que l'on avait fini par administrer aux habitants à partir de la mi-avril.

Une première relation des faits parut en octobre 1979 dans un journal de langue russe publié à Francfort, à l'intention de la communauté des émigrés d'Union soviétique. Un bref article relatait qu'un accident majeur dans un site biologique militaire avait fait « des milliers de victimes ». De nouveaux détails furent publiés dans ce même journal quelques mois plus tard, évoquant une explosion survenue en avril 1979 dans un site secret près de Sverdlovsk, et révélant clairement qu'il s'agissait de spores d'anthrax relâchées dans l'atmosphère.

L'affaire ne tomba pas complètement dans l'oubli puisque treize ans plus tard, en 1992, le président Eltsine – dont Sverdlovsk est la ville natale – admit en effet que cette épidémie d'anthrax était bien le résultat d'activités militaires. Il autorisa peu après – en juin de cette année-là puis en août de l'année suivante – une équipe d'experts occidentaux, parmi lesquels le Professeur Matthew Meselson de l'université de Harvard, à venir enquêter eux-mêmes sur place. On les laissa consulter le registre des autopsies et voir les photos des coupes de poumons des victimes, qui montraient clairement qu'il s'agissait de la forme inhalée de l'anthrax.

La visite suivante, en août 1993, permit au Pr. Meselson de compléter son dossier en traçant la carte de la contamination : toutes les victimes habitaient bien dans une étroite bande de terrain, longue de 4 km et orientée sud-est... à l'extrémité de laquelle se situait le « Kombinat-19 » ! Les investigations ultérieures révéleront que le bétail a eu moins de chance, car l'on trouva des vaches et des moutons morts dans six villages jusqu'à 50 km du site militaire, sur le même axe que les cas humains. Le vent avait donc transporté des spores d'anthrax sur cette distance.

Le rapport final du Pr. Meselson, publié quinze ans après les faits [12], est toutefois en désaccord avec celui de la CIA sur un point : la quantité d'anthrax libérée, qui fut selon lui inférieure à 1 gramme, alors que les autres sources évoquent plus d'un kilo ! Le Dr. William Patrick,

12. The Sverdlovsk Anthrax Outbreak of 1979, Science, nov. 1994.

spécialiste des armes biologiques depuis plus de trente anset chercheur au laboratoire américain de Fort Detrick, Maryland, réfute toujours cette estimation basse, rejoint en cela par le Dr. Kanatjan Alibekov, un transfuge ancien responsable de Biopreparat – le laboratoire civil lié au programme soviétique d'armes biologiques – pour qui le Kombinat-19 produisait de l'anthrax en quantité « industrielle ». C'est également lui qui révéla que cette fuite d'anthrax fut tout simplement provoquée par des techniciens qui avaient oublié de remplacer un filtre dans le système d'évacuation de l'air. L'erreur fut rapidement réparée, mais une certaine quantité de spores mortelles eut le temps de s'échapper dans l'atmosphère.

Compte tenu du délai d'incubation de la maladie, l'incident a dû survenir dans la journée du 2 avril 1979. Le Dr. Alibekov ajoute que si le vent avait soufflé ce jour-là en direction opposée, vers la grande ville de Sverdlovsk, les victimes se seraient chiffrées en centaines de milliers. Leur nombre exact est en fait inconnu, mais l'ordre de grandeur est de la centaine de morts : soixante cinq selon les sources officielles, quatre vingt quinze selon le Pr. Nikiforov, auxquels il faut ajouter dix sept infections cutanées dont les victimes ont survécu. Le Dr. Alibekov avance quant à lui le chiffre de cent cinq décès.

D'anciens généraux soviétiques n'en continuent pas moins de nier la version de l'accident, réaffirmant que le site secret de « Sverdlovsk-19 » ne produisait pas d'anthrax et ne disposait que de quelques ampoules de ce bacille stockées dans un réfrigérateur... À Sverdlovsk, en tout cas, des dizaines de tombes sont le témoin silencieux d'un des plus noirs secrets de l'ex-URSS.

**

Avec la Glasnost de Mikhail Gorbachev des articles dans la presse russe elle-même, notamment deux enquêtes publiées en 1990 [13], ont commencé à traduire la pression de l'opinion publique sur Moscou pour faire enfin la lumière sur cet accident. Lors d'une rencontre en février 1992 avec le président américain George Bush, Boris Eltsine reconnut que les accusations américaines concernant la violation par son pays du Traité de 1972 étaient fondées, et qu'il allait enquêter sur l'accident de Sverdlovsk, considérant que le KGB ne lui avait pas tout dit à l'époque, alors qu'il était le chef du parti communiste de cette ville... Le 27 mai suivant, dans une interview, le président russe annonçait : « Nous allons encore vous décevoir, M. Bush. Nous avions promis d'éliminer nos armes bactériologiques mais certains de nos experts ont tout fait pour me cacher la vérité. Cela n'a pas été facile, mais je leur ai fait entendre raison. »

Puis le KGB a admis qu'une usine militaire en était bien la cause. Dans une autre interview Boris Eltsine précise : « Andropov téléphona au ministre de la Défense Dimitriy Oustinov, lui ordonnant de fermer ce site, et je pense que cela a été fait. Il apparaît qu'en fait les laboratoires ont simplement été déplacés, et que le développement de ce type d'armes s'est poursuivi... »

Le 4 avril 1992 le président Eltsine signera même un décret pour que les familles de Sverdlovsk touchées par l'accident soient indemnisées. Mais les survivants de l'épidémie n'ont jamais reçu la pension promise par l'ex-président... Ils ne la recevront certainement jamais.

---

13. « Secret militaire : les raisons de la tragédie de Sverdlovsk » par Natalya Zenova dans Literaturnaya Gazeta, et « Le Secret du sarcophage » de Sergey Parfenov dans Rodina.

Après l'accident une nouvelle usine d'armes biologiques fut effectivement installée dans la ville secrète de Stepnogorsk, au Kazakhstan, pour continuer à produire ce qui ne venait plus du site de l'Oural. Une souche d'anthrax encore plus virulente – dite « souche Alibekov » du nom de son inventeur – y fut produite. Elle est trois fois plus mortelle que celle Sverdlovsk ! À pleine capacité, ce site avait une production supérieure à une tonne par jour. Depuis son indépendance la république du Kazakhstan a entrepris de nettoyer ce site jadis si actif, désireuse d'effacer cette page de son histoire.

**

Un autre accident biologique a touché l'ex-URSS peu après, en 1971. Il fit moins de victimes (trois morts) mais fut potentiellement beaucoup plus dangereux. Les détails sur cette affaire furent immédiatement classés secret par Youri Andropov, alors chef du KGB avant de devenir Premier secrétaire du Parti communiste de l'URSS.

À la différence du premier, cet accident put être gardé secret, et n'est connu en Occident que depuis peu. Les services secrets américains n'avaient eux-mêmes en mains le rapport soviétique de l'époque que depuis un an. Le 15 juin 2002 un groupe de médecins et biologistes se trouvaient réunis à Washington, sous les auspices de l'Académie nationale des sciences, pour une série de communications sur les risques liés au retour possible du virus de la variole. L'une des communications données à cette occasion créa la surprise : celle du Dr. Alan Zelicoff, aujourd'hui expert au Sandia National Laboratory, un grand centre de recherche situé près de Albuquerque, au Nouveau Mexique. Il révéla comment une épidémie de variole se déclencha accidentellement dans le port d'Aralsk, sur la rive nord de la mer d'Aral, entraînant une campagne de vaccination massive mais néanmoins discrète. Si cette épidémie n'avait pu être enrayée, elle aurait eu sans nul doute des conséquences catastrophiques. Voici les faits.

En août 1971, le navire océanographique « Lev Berg », avec un équipage de 12 personnes, marins et chercheurs, procédait à la collecte d'échantillons d'eau, de plancton et de poissons, dans le cadre d'une recherche sur le déclin de la pêche en mer d'Aral. Au milieu du mois, peu après que le navire ait accosté à Aralsk, son port d'attache, une femme fut prise d'une forte fièvre. Fin août, ce fut le tour de son fils de 9 ans, et c'est seulement à la mi-septembre que fut établi le bon diagnostic : il s'agissait de cas de variole, d'autant plus surprenants qu'aucun cas n'avait été enregistré en URSS depuis plus de dix ans. Au total, une dizaine de personnes furent touchées, dont deux enfants en bas âge, qui sont morts rapidement. La troisième victime fut l'instituteur du jeune garçon de 9 ans, qui avait rendu visite à celui-ci.

Le gouvernement boucla alors la ville, et les trains de la ligne Alma-Ata – Moscou furent stoppés en gare d'Aralsk. Environ 250 personnes furent placées en quarantaine, et 43 000 autres vaccinées. Le virus est certainement arrivé à bord du navire, et pour les autorités locales le lien ne fit aucun doute dans la mesure où celui-ci était passé à seulement 15 km au large de l'île interdite de Vozrozhdeniye, située dans la moitié sud de la mer d'Aral, sur laquelle – mais l'équipage l'ignorait – se trouvait un centre d'expérimentation d'armes bactériologiques à l'air libre... Le lien de cause à effet apparaît encore plus certain quand on sait [14]

14. Déclaration de Pyotr Burgasov, ancien général du programme soviétique de guerre biologique au quotidien *Moscow News*.

que sur cette île un nouveau type de virus de la variole fut justement testé en 1971...

**

Il n'y a pas eu, en Occident, d'accident mettant en cause des virus ou des bactéries. On trouve seulement le cas d'un biologiste du centre militaire de Porton Down, en Grande-Bretagne, mort de la peste au milieu des années 1960, sans doute suite à une erreur de manipulation dans son laboratoire. Aux États-Unis – mais cela concerne des armes chimiques – les autorités américaines ont admis seulement deux accidents touchant des animaux. Le premier résulte de la dispersion accidentelle de gaz neurotoxique près du site d'expérimentation d'armes chimiques de Dugway (Utah) le 13 ou le 14 mars 1968 : quelques 6 400 moutons périrent à 40 kilomètres de là.

Quatre ans plus tard, à Fort Greely (Alaska) une cinquantaine de rennes seront tués par du sarin échappé de 200 cartouches entreposées sur un lac gelé depuis 1966 et englouties lors de la fonte des glaces.

Concernant les effets sur les humains, on sait en revanche que pendant la Guerre froide des tests furent volontairement mais secrètement effectués à l'aide de produits censés être inoffensifs, afin d'étudier la dispersion de germes qui auraient pu être disséminés à l'occasion d'un conflit ou d'une action clandestine soviétique. C'est ce que firent notamment des spécialistes de la CIA dans le métro de New York entre le 6 et le 10 juin 1966, pour démontrer la vulnérabilité des États-Unis en cas de guerre bactériologique : les passagers de neuf stations de Manhattan furent touchés en quelques minutes après la vaporisation d'un bacille censé être inoffensif, et baptisé pour la circonstance « *Bacillus subtilis* ». Plusieurs millions de personnes furent ainsi exposées sans le savoir lors de cette expérience (menée par ailleurs dans des passages souterrains à Washington) qui fut révélée en 1977 lors d'audiences devant le Congrès.

Un test quasiment similaire avait eu lieu seize ans auparavant, du 20 au 27 septembre 1950, au large de San Francisco, par des dragueurs de mines de la marine américaine vaporisant des nuages chargés de *Bacillus globigii* et de *Serratia marcescens*, supposés, eux aussi, être inoffensifs, toujours pour simuler une attaque biologique soviétique. En réalité, ces produits entraînèrent de nombreux malaises non identifiés parmi la population, sur une zone de 25 000 hectares. L'armée a cependant nié toute responsabilité concernant la pneumonie liée au bacille *Seriatta marcescens*, qui causa alors la mort d'une personne hospitalisée. Le Dr Lowell Ponte, qui a travaillé sur cette affaire, déclare qu'à la suite de cette expérience, les militaires ont eu la preuve que n'importe qui pouvait infecter facilement des millions de personnes à partir d'un bateau passant à plus de 20 milles des côtes.

Toujours selon Lowell Ponte, les équipes de guerre biologique et chimique de l'armée américaine n'ont pas effectué moins de 239 essais en plein air, entre 1949 et 1969, pour simuler des attentats bactériologiques contre la population américaine. En 1952, la Special Operations Branch, relevant du Corps chimique de l'US army, contamina même le système de climatisation du Pentagone avec un litre et demi de bactéries pour démontrer la vulnérabilité des grands édifices de l'administration fédérale... Et dans 79 cas des personnes furent infectées à leur insu par des microbes pathogènes. Parmi les « cibles » on relève : un tronçon de l'autoroute d'État de Pennsylvanie en 1955, l'aéroport national et la gare d'autobus Greyhound à

Washington en 1965, deux tunnels de Pennsylvania Turnpike, plusieurs plages d'Hawaii, de Virginie, de Floride et de Californie (San Clemente) en 1968, et de nouveau le métro de New York en juin 1968 [15].

**

Y a-t-il eu aux États-Unis – en dehors de ces tests – des accidents du type de celui de Sverdlovsk, autour de sites de recherches biologiques militaires ? Apparemment non, mais il reste à élucider le mystère d'une série d'épidémies qui se sont déclarées dans le nord de la Géorgie, près d'Atlanta, en 1952. Cette épidémie – dite de Calhoun – a subitement entraîné un triplement du taux moyen des pneumonies par rapport à la moyenne nationale. Or on apprit par la suite que des essais de dispersion de germes « *Serratia marcescens* » avaient été effectués à l'air libre, dans le but de mesurer la densité et la répartition de germes supposés inoffensifs sur un vaste espace, selon les moyens de dispersion utilisés et les conditions météorologiques du moment. Dans le cas présent, les germes avaient acquis une virulence que les auteurs de l'expérience n'avaient pas soupçonnée. Il semble donc que l'on soit là en présence non d'un accident, mais d'une expérimentation qui aurait mal tourné.

Il n'est pas exclu aussi que les chercheurs militaires américains aient connu un accident bactériologique hors de leur territoire. On n'a toujours pas élucidé, en effet, la mort mystérieuse de trente personnes à Lahore, au Pakistan, en 1981. Une information donnée par l'agence Press Asia, en Inde, affirme qu'elles furent involontaire-

15. Rapport du CSIS/SCRS (Service canadien du renseignement de sécurité), 1997.

ment victimes d'expériences bactériologiques menées par des scientifiques américains.

Il faut enfin évoquer le cas très intéressant de l'île de Gruinard, 210 hectares de beauté sauvage situés à mi-chemin entre Ullapool et Gairloch, à quelques encablures de la côte nord-ouest de l'Écosse, dans la région des Highlands célèbre pour ses whiskies. C'est là que la marine britannique – sur ordre de Winston Churchill qui, avec la « bombe à anthrax », cherchait l'arme du dernier recours contre Hitler – réalisa en 1941 des tests de dispersion du bacille du charbon, en vue de larguer des galettes de viande contaminée pour détruire le cheptel allemand. Pas moins de 5 millions de ces galettes, de 3 cm de diamètre sur 1 cm d'épaisseur, furent préparées, mais jamais utilisées.

Le test de l'île Gruinard fut un succès puisque dès le troisième jour quelques-uns des soixante moutons amenés là moururent, et que par la suite 90 % du troupeau périt. L'île fut alors interdite d'accès, sans que les habitants de la côte ne sachent pourquoi. Le film de cette expérience resta secret jusqu'en 1977 et l'endroit allait rester inaccessible pendant près d'un demi siècle, jusqu'à ce que le ministère de la Défense décide de « réhabiliter » l'île pour la rendre à ses propriétaires.

Pour cela une société spécialisée reçut en 1986 un million de livres sterling pour décontaminer l'île en pulvérisant sur son sol 280 tonnes de formaldéhyde dilués dans 2000 tonnes d'eau de mer afin de tuer les spores encore enfouies dans la terre. Une pellicule superficielle de terre fut également retirée sur une certaine épaisseur et placée dans des conteneurs scellés avant d'être incinérée. Le 24 avril 1990 le ministre de la Défense, Michael Neubert, se rendit en personne sur les lieux pour déclarer l'île de Gruinard totalement saine, en retirant lui-même le panneau rouge d'interdiction de pénétrer. Et pour bien montrer qu'il n'y avait plus aucun risque un troupeau de moutons fut conduit sur l'île pour en brouter l'herbe. Sans problème... du moins pour le moment. Car est-on bien certain qu'il ne reste plus une seule spore tapie sous l'herbe rase, attendant son heure pour se réveiller ? Certains font en effet remarquer que le vent a pu en emporter au-delà de la zone traitée, et qu'on a connu des cas où ses spores étaient encore actives après un siècle de léthargie. Tout dernièrement, en juillet 2002, des spores d'anthrax furent en effet retrouvées en Antarctique, dans les restes du campement installé en 1912 par l'explorateur anglais Robert Falcon Scott.

Chapitre 6

Nuages mortels

Les armes bactériologiques (qui font appel à des germes pathogènes) ont – contrairement à ce que l'on pourrait croire – précédé les armes chimiques. La première utilisation de ces dernières par les Allemands, à Ypres en 1915, remonte en effet à moins d'un siècle. Les actions guerrières mettant à profit la contamination par des maladies remonte en revanche à l'antiquité.

Pour commencer, sans doute faut-il revenir un moment sur les batailles chimiques – et elles furent nombreuses – qui se sont succédées depuis la Première Guerre mondiale. Ne serait-ce que pour comprendre que ce type de nuisance, s'il peut dans certains cas s'appliquer à un conflit armé, n'est pas vraiment à craindre dans le cas d'attentats terroristes. L'attaque au sarin dans le métro de Tokyo, en 1995, est l'exception qui confirme la règle...

**

Passons d'abord par Ypres – Ieper en flamand – où la guerre des gaz a laissé, dans quelques mémoires de moins en moins nombreuses avec le temps, une trace indélébile. C'est une ville flamande typique, avec des maisons aux façades ciselées. Sur l'un des côtés de la Grand-place au sol pavé : l'hôtel-de-ville et son beffroi, dont une des salles a été transformée en musée de la guerre 14-18. À gauche de l'entrée principale le regard est attiré par un gros œuf noir, boule d'acier sinistre d'environ un mètre de haut, bardée d'orifices : c'est un des conteneurs de gaz toxique utilisé à l'époque.

Quand on quitte la ville par le nord, en direction de Dixmude, on a tout autour de soi le plat pays si bien chanté par Jacques Brel. C'est une plaine maritime, traversée de canaux et parsemée de petites collines boisées. Une suite de paysages paisibles, verdoyants et humides. Quelques clochers pointent çà et là dans le lointain, au centre de villages discrets, tandis qu'une petite brise arrive de la mer qui n'est qu'à une trentaine de kilomètres à vol d'oiseau.

Le cœur de la zone gazée se situe dans le triangle délimité par les villes de Langemark, Steenstraat et Vijfwegen, et il faut faire un certain effort d'imagination pour comprendre que c'est dans ce site bucolique qu'est vraiment née la guerre chimique...

**

Retour en arrière. Nous sommes le 14 avril 1915. Les poilus sont terrés dans leurs tranchées, dont le sol a commencé à dégeler. Ils ne sont pas fâchés de voir arriver le printemps, mais savent que leurs souffrances ne sont pas terminées pour autant. Ils ignorent encore que ce jour-là va débuter la seconde grande offensive allemande. Dans cette course pour s'emparer des ports qui font face à l'Angleterre, les Allemands ont adopté une stratégie consistant à percer le front allié à Ypres, sur la route de Dunkerque et de Calais.

L'attaque a débuté le 29 octobre, et pendant plus de deux semaines les Allemands vont vainement tenter de percer le front allié, qui ondule autour de Ypres. Mais la ville reste imprenable. Pendant cinq mois régnera sur ce front une accalmie relative, jusqu'à ce 14 avril qui voit débuter la seconde bataille d'Ypres. Faute d'avoir réussi avec les moyens de guerre traditionnels, les Allemands ont décidé de tenter le tout pour le tout avec une nouvelle arme, alors qu'ils ont pourtant signé seize ans auparavant la convention de La Haye qui interdit de recourir aux gaz toxiques...

L'emploi de l'arme chimique durant la « grande guerre » fut ainsi le résultat d'une situation stratégique que les états-majors n'avaient pas prévue : ils avaient misé sur une guerre rapide, mais connurent une guerre de tranchées, et c'est pour tenter de briser cet immobilisme que les Allemands ont décidé d'utiliser les gaz.

Huit jours durant le vent est contraire à leurs projets, car il s'obstine à venir de la mer, dans le mauvais sens. Les tranchées autour d'Ypres étaient orientées du nord-ouest au sud-est, et le vent soufflait d'ouest, si bien que les gaz auraient stagné dans les tranchées allemandes. Il fallait un vent du nord, assez rare dans cette région maritime.

Voilà plusieurs semaines déjà que les Allemands ont disposé discrètement 5830 sphères remplies de chlore, dans l'attente d'un vent favorable. Ces sphères noires, déchargées de wagons arrivés dans la gare la plus proche, furent remises à une troupe spécialement entraînée à la guerre chimique, dotée d'un curieux accoutrement. Les sphères pesant chacune quarante kilos, il fallait quatre hommes pour les manœuvrer à travers les tranchées. On a ensuite étalé par dessus des sacs remplis de tourbe imprégnée d'une solution de potasse, pour absorber le gaz en cas de fuite. Une planche recouvrait le tout, encore surmonté de plusieurs épaisseurs de sacs de sable.

Le 22, subitement, le vent tourne. Dans l'après-midi les soldats allemands s'affairent dans les tranchées pour dégager les sacs de sable protecteurs et mettre en batterie les œufs noirs qui vont vomir la mort. Dans les lignes françaises, en face, on ne remarque rien. Il y a là 17 compagnies coloniales, des Africains et des Algériens arrivés la veille, qui n'ont pas encore connu l'épreuve du feu. À droite et à gauche : des Belges et des Canadiens.

Ce 22 avril en fin d'après-midi, tandis que la fraîcheur du crépuscule descend lentement sur cette campagne flamande dévastée, un petit avion allemand survole les lignes en lâchant des fusées éclairantes. Au même moment, l'infanterie recule, et seul un petit groupe reste dans les tranchées. Tout est étrangement calme. Soudain une brume étrange s'élève des lignes allemandes, juste en face des troupes coloniales françaises. C'est un nuage opaque, d'une curieuse couleur jaune-verdâtre, qui avance en formant des volutes poussées par un léger vent du nord-est. Les soldats alliés pensent d'abord qu'une tranchée allemande est en feu, mais ceux qui observent cet étrange spectacle sont loin d'imaginer ce qui les attend. Car la douleur va brusquement remplacer la surprise. L'odeur âcre du chlore saisit les hommes à la gorge, et emplit la bouche d'un goût métallique. La terreur s'empare des soldats, qui tombent comme des mouches. Ceux qui le peuvent encore, à demi aveugles, courent pour échapper à la nappe gazeuse. Les Africains surtout sont terrorisés, car tout cela leur semble surnaturel. Ils courent en tous sens dans le nuage de gaz avant de se jeter au sol en suffoquant. Par centaines ils vont ainsi s'écrouler et mourir au milieu d'atroces souffrances.

Derrière le nuage les Allemands avancent. Les troupes coloniales françaises vont reculer de plusieurs kilomètres en direction de Ypres. Sur neuf kilomètres de large, le nuage de chlore élimine toute résistance, ouvrant la route des ports de la Manche, et mettant l'Angleterre à portée de l'artillerie. Les Allemands ont obtenu en une heure ce qu'ils cherchaient à faire depuis des mois, mais contre toute attente ils vont s'arrêter en chemin ! Pour exploiter cette percée, les officiers ont en effet réclamé des renforts, que le haut commandement fut incapable de leur fournir. Ils n'avaient pas imaginé que les gaz seraient si efficaces...

Les Alliés vont profiter de ce flottement, et dès le lendemain après-midi auront regagné une partie du terrain cédé. La seconde bataille d'Ypres s'achèvera sans que le front ait été modifié, mais le bilan humain est lourd, car dans les lignes françaises, sur lesquelles ont été vaporisées 168 tonnes de chlore, on dénombre 5 000 morts et 10 000 soldats intoxiqués.

**

Contrairement à ce que l'on pourrait croire, l'initiative d'utiliser les gaz sur le champ de bataille n'est pas venue des militaires, mais d'un civil. Qui plus est d'un petit homme d'apparence modeste mais cependant doué d'une intelligence supérieure et d'une ambition démesurée, assorties d'une totale absence d'humanité : le Dr. Fritz Haber. Directeur du département de chimie-physique de l'Institut Kaiser Wilhelm à Berlin, c'est lui qui proposa d'utiliser le chlore, que l'industrie chimique allemande – alors la plus puissante au monde – pouvait produire en grandes quantités. Il se sentit investi de la mission de faire gagner la guerre à son pays et organisa ainsi la production de centaines de tonnes de chlore, qui allait conduire à la première guerre chimique. Laquelle fit quelques 5 000 morts, plus une autre victime : sa femme Clara, qui se suicida dans leur jardin neuf jours après la première attaque sur Ypres. Fritz Haber n'en continua pas moins de s'investir dans la guerre chimique, et dès la fin du premier conflit mondial il se verra décerner le prix Nobel de chimie 1918. Il est vrai que ce n'était pas pour ses activités militaires, mais pour ses travaux sur la synthèse de l'ammoniac, qui permirent de fabriquer des engrais azotés en remplacement des engrais naturels en voie d'épuisement. C'était une révolution en agriculture, et le chimiste allemand s'employa à trouver d'autres produits utiles. C'est ainsi qu'il mit au point un insecticide efficace pour lutter contre les parasites qui ravageaient les récoltes à une époque où les rendements étaient encore très faibles. Ironie du sort, c'est ce même insecticide, à base d'acide cyanhydrique, qui sera utilisé un quart de siècle plus tard par les nazis dans les chambres à gaz du IIIe Reich, sous le nom de zyklon-B.

**

Même s'ils n'ont pas obtenu les résultats escomptés, les militaires allemands ne se priveront pas d'utiliser l'arme chimique. C'est ainsi que le 31 mai 1915, sur le front de l'Est, ils inonderont de chlore le secteur russe sur 12 kilomètres, en ouvrant 12 000 cylindres. Un millier d'hommes en mourront, bien que les soldats russes aient pu en grande partie se prémunir contre le nuage mortel en utilisant des tampons imprégnés de sulfite de soude ou de carbonate. Et c'est encore avec des gaz asphyxiants que les Allemands stopperont, au printemps 1916 l'avance russe dans la région du lac Narocz, à l'est de Vilnius.

Aussitôt après ces premières attaques allemandes, Français et Anglais ont à leur tour construit des usines de production de gaz toxiques, et cinq mois plus tard les Alliés étaient prêts à riposter. Les représailles se sont abattues à Loos le 15 septembre 1915, avec l'émission d'un nuage de chlore en tout point identique à celui de Ypres, qui prit les Allemands complètement au dépourvu ! Une contre-attaque française par des obus à gaz, en août 1916, en Champagne, sèmera également la panique chez les Allemands, qui s'en étaient servis mais ne l'avaient encore jamais subi.

Dans les laboratoires des deux camps, les chimistes poursuivaient leurs recherches. Avec le phosgène, l'Allemagne crut avoir découvert un produit encore plus redoutable. Comme le chlore, c'est un gaz asphyxiant qui entraîne des lésions pulmonaires. À cette différence que si pour le chlore l'effet est immédiat, le phosgène agit avec retard, ses effets pouvant ne se manifester que le lendemain. Encore aux environs de Ypres, en décembre 1915, les Allemands ont misé sur ce nouveau produit pour briser la guerre de tranchées. Mais les Anglais avaient mis au point un masque à gaz adapté, et cette offensive fut stoppée net.

Les alliés ripostèrent également avec du phosgène, et l'impasse se maintint jusqu'au 12 juillet 1917, date à laquelle les Allemands lancèrent – toujours du côté d'Ypres – une nouvelle attaque surprise. Cette fois il ne s'agissait pas de gaz asphyxiants mais d'un produit dit « vésicant » – de son nom scientifique sulfure d'éthylène dichloré – qui deviendra le célèbre « gaz moutarde » en raison de son odeur. Ce liquide huileux qui attaque les yeux, la peau et les muqueuses est également connu sous le nom d'ypérite, du nom de la ville d'Ypres. L'attaque allemande la plus violente se produira en mars 1918, où douze jours durant ils satureront de gaz moutarde toutes les zones qu'ils ne comptaient pas traverser.

**

11 novembre 1918. Autour de Ypres un vent d'ouest chargé d'iode a dissipé la brume âcre de produits chimiques qui ont teinté l'air d'un jaune-vert nauséeux, imprégné l'herbe, pénétré le bois des rares arbres encore debout, et empoisonné la terre. Bientôt une belle herbe verte viendra cicatriser ces plaies et redonner à ce paysage toute sa sérénité. Seules les petites croix blanches rappelleront les drames qui se sont joués ici, dans la campagne flamande.

Le bilan est lourd : en trois ans, pendant cette « grande guerre » qui vit pour la première fois l'usage de l'arme chimique plus de 1 300 000 hommes seront atteints par les gaz, et plus de 100 000 en mourront. En fait les chiffres sont bien plus élevés car les gaz ont blessé et invalidé plus qu'ils n'ont tué : de nombreuses victimes durent suivre un traitement médical pendant le reste de leur existence. Ces armes n'ont pourtant pas procuré les succès tactiques attendus. En revanche l'impact psychologique fut considérable, car en plus de ses effets effroyables l'arme chimique faisait vivre les combattants dans la hantise de son apparition. Les gaz furent une réalité quotidienne pour tous les soldats du front occidental, et l'on peut dire qu'aucune autre guerre ne fut le théâtre d'un tel déploiement, que ce soit au Vietnam, en Afghanistan ou en Irak, où l'utilisation des gaz est toujours restée ponctuelle.

**

On ne compte plus aujourd'hui le nombre de conflits où – plus souvent en secret qu'au grand jour – les gaz furent utilisés. Parfois même en dehors d'un conflit, pour régler des problèmes de politique intérieure. C'est ainsi qu'au début des années 1920, la police secrète bolchévique vainquit la résistance des paysans, qui se dressaient contre l'oppression soviétique dans de nombreux villages du Caucase. Cette utilisation de gaz de combat contre des civils fut confirmée par des officiers de l'Institut militaire d'études chimiques supérieures. Les tribus Basmatch d'Asie centrale – apparentés aux Afghans – furent de la même façon décimées par les avions de l'Armée rouge qui les aspergèrent de gaz moutarde.

Si les grandes puissances ont plus ou moins renoncé à utiliser les armes chimiques et biologiques, celles-ci intéressent en revanche certains petits états. C'est ainsi que Saddam Hussein les utilisa contre les Kurdes en 1979. De 1984 à 1988, l'Irak aurait ensuite utilisé du gaz moutarde et du tabun pendant sa guerre contre l'Iran, puis des agents vésicants contre sa minorité kurde. Le petit village kurde d'Halabja, notamment, serait sans doute resté anonyme si, le 16 et le 17 mars 1988, il n'avait été choisi pour l'exemple. Désireux d'étouffer rapidement la rébellion de ce peuple du nord-est de l'Irak, Saddam Hussein décida en effet d'utiliser une arme qui lui avait valu de remporter quelques années auparavant quelques succès contre son grand ennemi voisin iranien : les gaz toxiques.

D'abord, quelques avions ont commencé par tournoyer au loin, pour prendre le vent. Puis ils sont repassés, cette fois juste au-dessus des maisons et à plus basse altitude, en larguant de gros bidons qui s'éventraient avec un bruit mou en touchant le sol. Très vite les habitants ont compris qu'ils avaient rendez-vous avec la mort. Trente secondes plus tard, 10 000 civils, hommes, femmes et enfants, se tordaient sur le sol, suffoquant, dévorés par un feu intérieur. Près de 5 000 mourront. « On se serait cru à Pompéi », diront les premiers observateurs étrangers arrivés sur place. Pour la première fois l'arme chimique étaient employée par un État contre son propre peuple. Et la démonstration était faite qu'un gouvernement pouvait recourir à l'arme chimique pour anéantir une population civile.

Cette fois, les dirigeants irakiens n'ont pas cherché à s'en cacher. Mais combien d'autres, peut-être, l'ont fait clandestinement ? Combien aussi ont nié l'évidence ? L'Égypte au Yémen, les Libyens au Tchad, les Portugais en Guinée-Bissau, sans parler de l'Angola, ou du Mozambique en 1992.

**

Entre l'utilisation intensive de l'arme chimique pendant le premier conflit mondial et son absence du champ de bataille pendant la Seconde Guerre mondiale, s'est placé un épisode peu connu, pendant lequel les gaz de combat ont été très utilisés, sans vergogne. Le responsable en est l'Italie mussolinienne, entrée en guerre le 30 décembre 1935 avec l'Éthiopie, qui était alors Abyssinie. Quand Mussolini vit ses troupes s'enliser dans ce conflit, il fit ce qu'avaient fait les Allemands à Ypres en 1915 pour sortir de l'impasse : les Italiens commencèrent par utiliser des grenades lacrymogènes, puis des bombes chargées de gaz moutarde, et des zones entières seront ainsi dévastées à l'ypérite. Le procédé soulèvera l'indignation internationale. Un embargo sur les armes sera même décrété par la Société des nations, ancêtre de l'ONU, et la Croix Rouge internationale réclamera des sanctions. Rien n'y fera.

L'Italie – bien qu'ayant approuvé et ratifié la Convention de Genève de 1925 sur l'interdiction de ce type d'armes – poursuivra son œuvre de destruction, et l'Éthiopie sera annexée quelques mois plus tard.

Il est cependant des cas où la peur de terribles représailles empêche un état de franchir le pas. Pendant la guerre du Golfe, en 1991, l'Irak se retint d'utiliser des missiles Scud armés d'ogives chimiques contre Israël, pour éviter une riposte nucléaire..

**

En septembre 1962, Mohamed el-Badr accède au trône du Nord-Yémen, mais une semaine plus tard le nouveau roi est renversé par de jeunes officiers à la solde de Nasser. Leur roi détrôné, ses partisans prirent le maquis avec les tribus restées fidèles, soutenues par leur grand voisin d'Arabie Saoudite. Une guerre civile s'engage alors, et le nouveau régime demande l'aide de I'Égypte, qui envoie ses avions pour bombarder les villages royalistes. Des mercenaires français, qui combattent à leurs côtés, soutiennent avoir été victimes d'un gaz qui les a rendus aveugles. Des rapports évoquent des villages yéménites gazés par des avions égyptiens. Un nom (El-Kawma) et une date (8 juin 1963) reviennent souvent dans les témoignages. Le gaz, sans doute de l'ypérite, sema la mort dans ce petit village d'une centaine d'habitants, et un journaliste anglais sur place confirmera des actions de guerre chimique.

Trois années passent, puis à l'automne 1966 les attaques aux gaz reprennent. Bilan : 200 morts, sans compter les animaux. Les États-Unis, décidés à reconnaître le régime républicain au Yémen, ne souhaitaient guère s'intéresser au sujet, tandis qu'à Londres le Foreign Office tentait de rétablir ses relations diplomatiques avec l'Égypte, interrompues depuis 1956. Il ne fallait donc pas s'en prendre à ce pays. Le 31 janvier 1967, le Premier ministre, Harold Wilson informa cependant la Chambre des Communes qu'il disposait de renseignements selon lesquels des gaz toxiques avaient été utilisés au Yémen. Une fois de plus l'Égypte rétorqua qu'elle n'avait jamais utilisé ces gaz, ce qui est vrai puisque les gazages se firent sous la responsabilité des Soviétiques.

**

En mars 1969, ce sont les troupes chinoises qui subiront les gaz soviétiques. Lors d'affrontements dans l'île Tchen Pao, sur l'Oussouri, des unités chinoises furent soumises à des toxiques paralysants.

Dix ans plus tard, en février 1979, les Chinois qui veulent « infliger une leçon » à Hanoï pour avoir occupé le Cambodge, refluent après avoir pénétré d'une trentaine de kilomètres en territoire vietnamien. Pékin reculant devant une nation qui ne possède même pas la bombe atomique ! En fait, ce sont là encore les Soviétiques qui ont agi, à l'aide d'armes chimiques.

**

En novembre 1983 l'Iran accusa l'Irak d'avoir eu recours à des armes chimiques et d'avoir utilisé notamment des mycotoxines (toxines fabriquées par des champignons microscopiques), ainsi que des agents neurotoxiques (agissant sur le cerveau comme une drogue) sous forme d'insecticides agricoles. Bagdad a rejeté les accusations de son voisin mais n'en refusa pas moins l'envoi d'une Commission d'enquête des Nations Unies. Par la suite des spécialistes internationaux finiront par venir enquêter sur place, et concluront que des armes chimiques (larguées d'avions) furent bel et bien été utilisées dans les zones inspectées en Iran : il s'agissait de gaz moutarde et de tabun.

**

Les Américains sont quant à eux mal placés pour afficher une certaine vertu en ce domaine. En 1964, un déluge de bombes s'abattit sur le Vietnam, avec des effets d'abord relativement faibles. Pour les stratèges américains, seuls les gaz pouvaient toucher cet ennemi insaisissable. Dès l'année suivante commença alors une guerre chimique, à l'aide d'agents lacrymogènes, puis vomitifs, vésicants, et aveuglants. Et ce fut l'escalade. Des tonnes de gaz seront répandues par différents moyens : du CS (chlorobenzalmalonitrile), du CN (chloroacétophénone), du DM (adamsite) et du CNS (chloropicrine). Ces produits sont irritants et lacrymogènes à faible dose, mais deviennent toxiques et meurtriers à plus forte concentration. Les Américains ont utilisé ces gaz avec d'autant moins de scrupules qu'ils ne figurent pas sur la liste des interdictions du traité de Genève. Environ 9 000 tonnes de lacrymogènes seront ainsi déversées sur le Vietnam.

Comme les épandages de gaz ne suffisaient pas à gêner les déplacements du Vietcong, qui prenait en embuscade les patrouilles américaines, Washington décida d'utiliser des herbicides spécifiques pour défolier totalement la jungle ! À l'origine il s'agissait seulement de dégager une bordure de végétation de part et d'autre des routes, puis on est passé à la destruction des cultures pour faire pression en affamant la population. Au total, 45 000 tonnes de désherbants seront répandues. Ces agents portaient des noms de code devenus tristement célèbres : le principal est l'agent orange (une mixture de deux désherbants d'usage courant), mais il y a aussi l'agent blanc dérivé du phénol, et l'agent bleu à base de sels d'arsenic.

Mais est-ce bien tout ? Des produits innervants comme le « VX » furent semble-t-il également utilisés, secrètement, si l'on en croit un article publié en août 1970 par un quotidien suédois. Du VX était effectivement stocké sur les bases aériennes de Da Nang, Bien-Hoa et Tuy Hoa, au Sud-Vietnam, pour être utilisé en cas de menace sérieuse du Vietcong.

**

Si l'invasion de l'Afghanistan par les Soviétiques, le 24 décembre 1979, surprit tout le monde, il est en revanche vite devenu évident que l'URSS allait s'enliser dans ce conflit. Du coup, pour ne pas connaître son Vietnam, l'Armée rouge s'est décidée elle aussi à recourir à l'arme chimique. D'emblée les gaz lacrymogènes et des produits paralysants furent utilisés. Il y avait également un nouveau gaz neutralisant les victimes pendant une dizaine d'heures sans laisser de traces. La majorité des récits d'utilisation de gaz meurtriers proviennent de la chaîne de l'Hindu Kuch, qui met la province du Badakhstan à l'abri des regards indiscrets. Le général Anatoli Kountsevich, que nous avons rencontré à Moscou, n'a pas avoué clairement que les Soviétiques avaient utilisé ces gaz de combat en Afghanistan. Il a seulement reconnu le recours à des gaz de « police », de type lacrymogène, semblables à ceux que les Américains ont utilisé au Vietnam. Il n'en reste pas moins certain que l'Armée rouge, dès son arrivée en Afghanistan, disposait d'un arsenal chimique important.

**

Voilà pour les armes chimiques et leur utilisation dans des conflits, étendus ou limités, au XXe siècle. Mais qu'en est-il de l'utilisation sur le terrain de l'arme biologique ? Un retour en arrière, à partir des documents aujourd'hui disponibles, permet de constater qu'il y eut également de nombreux précédents.

Le premier d'entre eux constitue même – c'est désormais certain – la première guerre biologique moderne, bien qu'elle soit longtemps restée méconnue des historiens. Tout a commencé en octobre 1940, lorsque l'armée impériale japonaise – qui occupait une partie de la Chine depuis près de dix ans déjà – largua des bombes à fragmentation infestées du virus de la peste et du choléra sur plusieurs villes chinoises, notamment Ningbo, dans la province de Zhejiang. Prévoyant d'occuper d'autres territoires, ils devaient d'abord éliminer un maximum d'habitants, les germes pathogènes pouvant faire ce travail en silence. L'année suivante, une dispersion unique sur Changteh ne fit pas moins de dix mille victimes. La technique utilisée consistait à disperser par avion des puces infectées, en même temps que du riz destiné à attirer les rongeurs, afin d'exposer les seconds aux piqûres des premiers, et de déclencher ainsi une épidémie apparemment naturelle. Bien qu'endémique dans certaines parties du nord-est de la Chine, la peste avait pourtant quasiment disparu du pays. En août 1942, une épidémie de peste bubonique frappa ensuite le village de Congshan, tuant en deux mois un tiers de la population. Quelques-uns des grands fermenteurs dans lesquels ces organismes mortels furent cultivés sont encore visibles sur place.

Le Dr. Huang, un médecin chinois survivant, a témoigné en 1994 devant une Cour de justice japonaise, et expliqué comment cette attaque biologique eut des conséquences qui s'étalèrent sur de nombreuses années après la fin de la guerre. De nombreux cas de peste ont continué de se manifester, épisodiquement, jusqu'en 1948, et des cas de typhus jusqu'en 1953. Encore aujourd'hui, soixante ans après, l'on trouve les anticorps correspondant dans le sang des chiens et des chats. Le gouvernement japonais accepta finalement d'indemniser les proches des 109 personnes mortes de l'épidémie de peste bubonique qui sévit pendant plus d'un mois à Ningbo, ce qui constitue un aveu de responsabilité. Mais c'est une goutte d'eau par rapport aux quelques 50 000 victimes de cette véritable guerre bactériologique [16].

Peu après, durant la guerre de Corée, ce sont cette fois les Américains qui menèrent à leur tour une guerre bactériologique discrète. La méthode était la même, consistant à larguer sur le pays des puces et des mouches porteuses de maladies. Les rapports du personnel médical de la province de Liaoning, conservés dans les archives d'État, font mention de passages d'avions américains tournant en rond au-dessus des rizières, puis de concentrations inhabituelles de mouches d'une espèce inconnue dans la région. Des maladies se manifestèrent quelques semaines plus tard, l'une des plus graves étant une épidémie d'encéphalite qui a sévi durant tout le mois de mars 1952 dans trois villes de la province industrielle de Liaoning, à la frontière sino-coréenne. Les équipes médicales locales, à l'époque, n'eurent aucun doute sur l'origine de ces maladies, mais Mao lui-même qualifia cette guerre bactériologique d'« inefficace ».

Les Américains ont par ailleurs été accusés d'avoir déclenché, dans les années 1960 et par la suite, diverses

16. *New Scientist*, 25 fev. 1995, Peter Hadfield.

épidémies sur Cuba, pour venir indirectement à bout du régime de Fidel Castro. Nous développerons plus longuement cette accusation à propos de l'agro-terrorisme.

Il faut évoquer également les mycotoxines, c'est-à-dire les toxines issues de champignons. L'une d'elles, la trichocétène, serait à l'origine de la mystérieuse « pluie jaune » dont on parla beaucoup dans les années 1980. Elle fit d'abord fait des ravages au Yémen (attaqué par l'Égypte), puis au Laos contre la tribu des Hmongs (attaqués par les Nord-Vietnamiens), et ensuite au Cambodge à l'initiative des Khmers rouges. Les Soviétiques – accusées d'être les fournisseurs de la toxine T-2 – l'auraient eux-mêmes utilisée en Afghanistan pour verrouiller les vallées du nord-est du pays [17]. Cette arme microbiologique contaminait l'eau et le riz, et l'on mourrait en trois semaines suite à des hémorragies internes. Les chercheurs savent bien que plusieurs espèces de champignons s'attaquent aux céréales, les plus violents appartenant à la famille des *fusarium*. Les toxines meurtrières qu'ils secrètent sont connues sous le nom de « toxines T-2 ».

Inspirés par l'hécatombe naturelle qui toucha la campagne russe dans les années d'après-guerre, suite à des empoisonnements naturels de ce type, les biologistes militaires soviétiques ont entrepris, dans le cadre de la guerre biologique, de produire cette toxine par biosynthèse, en la modifiant pour en faire un super-poison. Elle est probablement à l'origine de la « pluie jaune », où la toxine se trouvait mélangée à un produit hydrophile faisant disparaître toute trace à la première pluie [18].

17. *La Recherche*, n° 148, oct. 1983.

18. *Yellow rain* de Sterling Seagrave, Evans & Co, 1981. Traduit en français au Seuil (1983) sous le titre *La pluie jaune*.

Après la fin de la Guerre froide, les Russes ont semble-t-il utilisé pour la première fois des armes biologiques et bactériologiques en Tchétchénie. Ce sont les habitants d'Avtury, une ville située 50 kilomètres au sud-est de Grozny, qui ont porté cette accusation. Laquelle fut immédiatement et catégoriquement rejetée par Stanislav Petrov, le chef du contingent russe de guerre NBC (Nucléaire-Biologique-Chimique). Selon l'agence de presse russe Interfax, quelque 10 % des 13 000 habitants d'Avtury ont pourtant été bel et bien été contaminés par un virus non-identifié en mai et juin 1995.

De nouvelles accusations ont été portées durant l'été 2000, concernant des cas de morts étranges dans la vallée de l'Argoun, au sud de Grozny. Le premier cas, enregistré le 26 juillet, manifestait des symptômes d'apathie et de faiblesse, puis décéda trois jours plus tard. Les autres cas recensés dans les dix jours suivants faisaient état de conjonctivites entraînant parfois la cécité, et de sensations de chaleur dans l'estomac. De manière générale, les symptômes rencontrés étaient une grande faiblesse générale, des nausées ou des vomissements, mais sans fièvre ni diarrhées, ce qui excluait l'empoisonnement alimentaire. Pourtant, les médecins disaient se trouver en face de cas d'empoisonnement aigu, avec atteinte des reins et arythmie cardiaque. Il pourrait s'agir d'intoxication due à l'action d'un élément chimique de type organophosphoré. Fin août 2000, comme pour corroborer ces accusations, l'association Médecins du monde recueillit le témoignage d'une jeune femme qui avait fuit cette « épidémie » et signalait avoir vu des soldats russes stationnés dans les environs portant des masques à gaz. D'autres témoins parlent de nuages de fumée violet-argenté de plus de cent mètres de haut. Bien que Starye-Atagui ait été le village le plus touché par cette épidémie, on signale des décès similaires à Benoï et dans les zones montagneuses alentour. Pour les autorités russes, il s'agissait de simples intoxications intestinales.

Chapitre 7

Peste noire et grippe espagnole

Plusieurs pays ont déjà procédé plus ou moins secrètement, nous l'avons vu, à des tests sur de vastes espaces avec des germes inoffensifs, afin d'évaluer le risque d'une attaque biologique ou bactériologique de grande ampleur. Du coup, l'on peut s'interroger pour savoir si des expérimentations qui auraient mal tourné n'ont pas pu engendrer des épidémies restées mystérieuses.

Un exemple illustre parfaitement cette possibilité : il s'agit de la maladie du légionnaire, décrite pour la première fois en 1976 aux États-Unis, suite au décès de 29 des quelque 200 anciens combattants de l'American Legion réunis en Congrès, en juillet de cette année-là, à l'hôtel Stratford de Philadelphie. Une semaine plus tard deux d'entre eux mouraient, et ils n'étaient que les premiers d'une longue série. Tous les patients atteints présentaient des troubles rappelant ceux de la pneumonie. On chercha un agent commun présent dans l'environnement de l'hôtel où s'était tenu le congrès, mais la nourriture fut rapidement mise hors de cause. Parmi les victimes l'on comptait en effet aussi cinq personnes du voisinage, qui n'avaient ni participé au congrès, ni même pénétré dans l'hôtel.

Les scientifiques mettront plus de six mois pour trouver la cause de cette mystérieuse épidémie, mortelle dans 15 à 20 % des cas. C'est finalement le Dr. Charles Shepard, du CDC (Centre pour le Contrôle des Maladies) d'Atlanta, en Georgie, qui détecta une bactérie inconnue dans les prélèvements faits sur les victimes. Elle fut baptisée *Legionnella pneumophila*, et la maladie qu'elle engendre devint la « maladie du légionnaire », en raison de cette origine particulière.

Les *Legionnella* se sont vu attribuer rétrospectivement la responsabilité de nombreux cas d'infections collectives dont l'origine était jusque là restée inconnue. On se souvint notamment de cas similaires enregistrés à Austin, dans le Minnesota, dès 1957. Et d'une épidémie aux symptômes étrangement semblables survenue dans un hôpital de Philadelphie dix années auparavant.

D'une façon générale, les hôpitaux apparaissent comme une cible privilégiée pour ce que l'on appelle désormais la légionellose. C'est ainsi que la veille du réveillon de la fin d'année 2000 la légionellose toucha une douzaine de personnes, entraînant la mort de quatre d'entre elles, parmi les premiers patients du tout nouvel hôpital Georges Pompidou. À quelques heures de l'entrée dans le nouveau millénaire, la bactérie avait frappé des personnes dont le seul tort fut d'avoir pris une douche... Le cas de l'hôpital Georges Pompidou n'est d'ailleurs pas unique. De nombreux autres hôpitaux de par le monde ont connu le même genre de mésaventure, aussi bien en Grande-Bretagne, qu'en Espagne, ou aux États-Unis.

D'autres cas se sont manifestés en France. Déjà, en juin

1998, en pleine Coupe du monde de football et avant l'affaire du nouvel hôpital parisien, vingt personnes furent atteintes à Paris en quelques semaines, et quatre d'entre elles décèderont. Toutes étaient passées à proximité d'une tour aéroréfrigérante du boulevard des Italiens, dans le IXe arrondissement. En août et septembre de l'année suivante, c'est le quartier de la gare Montparnasse qui est touché : huit personnes atteintes, dont un décès. Seront alors montrées du doigt les tours de climatisations des grands hôtels. Les hôpitaux ne sont donc pas les seuls foyers de la maladie. Beaucoup d'hôtels à travers le monde ont ainsi été touchés ces dernières années, dans des endroits aussi divers que Dubrovnik, Ibiza, Bangkok, Berlin, ou Melbourne. Même la maison d'hôtes d'un centre de recherche nucléaire français, l'ESRF de Grenoble, a connu des cas de légionellose en 1999. Derniers cas français en date : ceux de Nice, Metz et Sarlat, au printemps 2002.

Par voie aérienne, l'on peut être victime de légionellose simplement en prenant une douche, ou en ouvrant un peu trop fort un robinet d'eau chaude, car l'aérosolisation de l'air va disséminer les bactéries tapies dans les tuyaux ou au niveau de la pomme de douche. Cela peut également se produire si l'on respire l'air d'une pièce dont le système de ventilation ou de climatisation est contaminé. Par voie digestive on peut être atteint en buvant de l'eau du robinet souillée par le microbe. Dans tous les cas, c'est donc le réseau d'eau chaude ou de climatisation qui est en cause. Si bien que l'on n'évoque plus du tout – contrairement à ce qui passe pour le sida par exemple – la possibilité d'un lien avec des accidents ou expériences de nature bactériologique.

Il reste que la légionellose est un cas d'école qui montre bien que plusieurs mois peuvent s'écouler avant que l'on soit en mesure d'identifier un nouveau germe pathogène, en dépit de l'impressionnant arsenal de moyens de recherche et de diagnostic dont disposent aujourd'hui les biologistes.

**

Le concept d'une attaque bactériologique est quant à lui loin d'être récent. Ce fut même une des toutes premières formes de guerre puisque dans l'Antiquité déjà des cadavres d'humains ou d'animaux étaient jetés dans les sources d'eau potable de l'ennemi pour les contaminer. C'est ce que firent par exemple les Assyriens et les Perses aux VIe et IVe siècles avant notre ère. Pour la plupart, ces agents infectieux sont donc connus depuis la nuit des temps.

Les premières accusations concernant la propagation volontaire de maladies infectieuses à l'occasion d'un conflit ne datent pas d'aujourd'hui. Plusieurs siècles avant la découverte des bactéries et des virus, avant même de savoir les interpréter, les phénomènes infectieux furent mis à profit à des fins meurtrières.

Dans une étude historique intitulée « Les ruses de guerre dans l'Antiquité », le Dr. Mirko Grmek, médecin français d'origine croate, rapporte comment du VIIe au Ve siècles avant notre ère, les archers scythes infectaient leurs flèches en trempant la pointe de celles-ci dans des cadavres en décomposition, ou dans du sang putride laissé à la température ambiante, transmettant ainsi la gangrène ou le tétanos aux personnes touchées. Notons que cette « technique » est encore utilisée de nos jours dans certaines îles d'Océanie, où les flèches sont empoisonnées par des bacilles du tétanos, alors que les indiens Koniagos et les Toungouses sibériens trempent eux aussi leurs armes dans des cadavres d'animaux en décomposition. Plus récemment, dans les années 1950, la tribu des Mau-Mau en révolte contre l'occupation anglaise utilisa des plantes toxiques pour empoisonner leurs flèches.

Autre méthode de guerre biologique, plus subtile : imposer à l'ennemi un séjour prolongé sur des terrains insalubres. C'est ainsi qu'en 415 avant notre ère, au Siège de Syracuse durant l'expédition de Sicile, le stratège Hermocrate amena les généraux athéniens Nicias et Démosthène à stationner plus longtemps que nécessaire dans une plaine marécageuse connue des autochtones pour son endémie palustre. Décimé par la maladie, le corps expéditionnaire athénien dut lever le siège. L'idée fut reprise une soixantaine d'années plus tard, à l'occasion d'un autre siège, celui d'Astacos par le tyran d'Héraclée. Ce dernier fit sciemment camper dans un lieu marécageux, rempli d'eau croupie, l'armée de ses concitoyens dont il voulait se débarrasser...

Dix-huit siècles plus tard Napoléon dira : « Il vaut mieux donner la bataille la plus sanglante que de mettre les troupes en un lieu malsain. » Il est vrai que les lieux humides regorgent de moustiques (agents de la malaria par exemple). Citons enfin cette variante biologique – puisqu'elle fait appel à un poison animal et non à une maladie virale – inventée par Hannibal en l'an 154 et consistant à lancer contre ses adversaires des sacs remplis de reptiles venimeux.

**

Le cas le plus étonnant, qui mérite qu'on s'y attarde un instant, est celui de la grande peste noire du Moyen Âge, qui entre 1348 et 1352 fit vingt cinq millions de morts à travers toute l'Europe, soit 40 % de la population d'alors !

Tout commence en 1344, lorsque les Mongols assiègent la ville de Caffa (aujourd'hui Féodossia) sur la côte orientale de la Crimée. Cette ville, qui était alors un comptoir tenu par des navigateurs gênois, était fort convoitée, mais aucunement décidée à se laisser prendre. Trois ans durant les assiégés résistèrent avec force, et les Mongols se disposaient à lever le siège lorsque la peste – sans doute arrivée de Chine par des caravanes de marchands – fit son apparition dans leurs rangs. Leur chef, un nommé Djanisberg, eut alors l'idée de faire catapulter les cadavres de ses propres soldats par dessus les murailles, « pour que la puanteur insoutenable achevât les assiégés »... Son intention n'allait pas au-delà, mais elle eut, on va le voir, des conséquences catastrophiques, quasiment planétaires.

Car les puces et les poux, vecteurs du bacille *Yersinia pestis* présent sur les cadavres, répandirent sans tarder la maladie chez les assiégés, qui finirent par embarquer. Ce faisant, et involontairement, ils disséminèrent la peste sur leur trajet. Elle toucha la Sicile en octobre 1347, puis gagna rapidement la Sardaigne, Venise, Gênes et Marseille. Quelques mois plus tard elle est en Avignon, et menace le pape Clément VI, avant de continuer de se répandre en tache d'huile vers le sud-ouest (jusqu'au Maroc) et le nord (îles britanniques, Scandinavie) pour achever finalement son extension en Europe centrale et en Russie en 1352.

Cette « technique » des Mongols sera reprise à plusieurs occasions par la suite, notamment en Estonie en 1710, où durant la guerre avec la Suède l'armée russe projeta également des cadavres de pestiférés sur ses ennemis, ou encore en 1785 à La Calle en Tunisie, où, pour se venger d'une épidémie de peste qui les touchait, la tribu des Nadis jeta par dessus les murs des lambeaux de vêtements ayant servi aux pestiférés, dans l'espoir de transmettre la peste aux Chrétiens.

Quant à la première tentative connue pour répandre une maladie présumée contagieuse en infectant des aliments avec des produits pathologiques, elle serait due aux Espagnols. En 1494, durant la campagne qui vit Charles VIII s'emparer du royaume de Naples, ils auraient abandonné aux Français du vin additionné de sang prélevé chez des lépreux (*Mycobacterium leprae*).

La première guerre bactériologique – au sens plein du terme – fut l'épidémie de variole et de grippe qui décima les Indiens d'Amérique du Sud au XVIe siècle, après l'arrivée des Conquistadores, mais c'était involontaire. Préméditée en revanche fut l'action des Anglais face aux Indiens d'Amérique du Nord.

Nous sommes en 1763. Les soldats de lord Jeffrey Amherst, commandant des forces britanniques en Amérique du Nord, sont assiégés à Fort Pitt (maintenant Pittsburg) par la tribu des Ottawa, dont le territoire s'étendait au nord du lac Huron et à l'est du lac Supérieur. Comme beaucoup de tribus algonquines, elle s'est alliée aux Français. Lesquels, après le traité de Québec de février 1763, ont dû céder la plus grande partie du Canada aux Britanniques, abandonnant à leur sort ces tribus qui se sont battues à leurs côtés. Pontiac, le chef des Ottawas, conçut donc un plan d'unification des tribus vaincues afin de forcer les Anglais à quitter l'Amérique. Pontiac connut d'abord le succès, au point que lord Jeffrey Amherst envisagea un moment de renoncer aux colonies d'Amérique du Nord.

C'est alors que les « Tuniques rouges » (soldats anglais) vont mener une véritable guerre bactériologique face aux Indiens. Le général Amherst n'avait jamais entendu parler de virus, d'immunité ou de vaccination, mais il savait que les Indiens étaient vulnérables à la variole, et qu'il serait donc possible de les infecter. Alors que Pontiac et ses hommes commençaient à mettre sérieusement en péril les troupes britanniques, il demanda au colonel Henri Bouquet, un Suisse qui servait dans l'armée anglaise, d'infecter les Indiens au moyen de couvertures ayant servi à des vérolés afin « d'exterminer cette race maudite ». Un certain capitaine Siméon s'en procura dans un hôpital, et le 24 juin de cette année-là les Anglais commencèrent à distribuer aux Indiens des couvertures contaminés ainsi que de l'alcool empoisonné. Il faut dire toutefois que ce n'est pas cela qui fut à l'origine de l'échec du chef Pontiac. Car en 1765, trouvant cette guerre trop longue, la plupart des tribus, découragées, abandonnèrent la lutte.

Restons encore un peu en territoire américain pour signaler qu'un siècle plus tard, durant la guerre de Sécession (1861-1865), les troupes Yankees du Nord auront de la même façon recours, mais sans grand succès, à la guerre bactériologique contre les « rebelles » du Sud.

**

Après des siècles d'empirisme, la guerre microbiologique allait ensuite s'appuyer sur une connaissance scientifique. Grâce à Pasteur et quelques autres savants on put en effet commencer à comprendre la nature des affections microbiennes et l'origine des maladies. Mais comme les choses ont toujours leur mauvais côté, ce progrès de la connaissance scientifique permit à certains d'exploiter cette découverte à des fins peu avouables.

Un examen complet de toutes les sources rendues publiques ne permet pas d'identifier plus de trois cas d'utilisation d'agents biologiques par des terroristes, mais on ne peut exclure qu'il en existe d'autres, non divulgués.

**

Il reste qu'avant l'attaque aux lettres piégées à l'anthrax, à l'automne 2001, une seule personne est morte sur le sol américain d'une action de terrorisme biologique. On ne peut donc pas dire que les attentats bioterroristes aient constitué, à ce jour, une menace sérieuse.

À l'étranger, seule la secte japonaise Aum Shinrikyo tenta – à plusieurs reprises nous l'avons vu – de disperser de l'anthrax et de la toxine botulique. C'est devant l'échec des tentatives bactériologiques qu'ils utilisèrent une arme chimique, le sarin un gaz de combat innervant.

Si Aum Shinrikyo au Japon a voulu tuer un grand nombre de personnes, les disciples d'un gourou d'origine indienne nommé Bhagwan Shree Rajneesh, fondateur de la secte Rajshneeshee, choisirent en revanche des agents qui ne pouvaient provoquer qu'une incapacité. Cette secte religieuse était établie dans une zone rurale à l'est de Portland, dans l'Orégon. Ses relations avec les résidents du Comté étaient depuis longtemps très tendues, ce qui décida la secte à adopter un plan pour influencer en sa faveur une élection locale, en septembre 1984. Le but était de rendre les électeurs des quartiers « hostiles » dans l'incapacité de voter, laissant ainsi le champ libre aux partisans de leur candidat. Une première tentative avait déjà été effectuée en août, en servant de l'eau contaminée à la *Salmonella typhimurium* – qui provoque de fortes diarrhées – visant deux responsables politiques du comté. Tous deux durent être hospitalisés. Quelques jours plus tard, d'autres doses de salmonelles furent discrètement versées sur les barquettes de salade dans dix restaurants de la ville. Résultat : 751 cas de gastro-entérite, dont 45 nécessitèrent une hospitalisation. On ne déplora cependant aucun décès, dans cet incident qui fut peu connu hors des États-Unis, et reste à ce jour la seule attaque bactériologique avérée sur le sol américain.

**

Bien qu'il ne s'agisse probablement pas d'une attaque bactériologique, ce qui s'est passé au Japon en 1996 avec une série d'intoxications alimentaires dans les écoles, donne cependant une idée de la facilité avec laquelle des terroristes pourraient agir. Cette année-là, une bactérie meurtrière, connue sous le matricule O-157, sema véritablement la panique. En trois mois ce ne sont pas moins de 9 000 personnes qui furent contaminées, et dix d'entre elles décèderont.

Tout a commencé à la fin du mois de mai, dans trois écoles de Kuji, une petite ville du sud de l'archipel nippon, et ce qui n'était au départ qu'une banale affaire d'intoxication alimentaire, allait virer au drame avec un premier décès, celui d'une fillette de sept ans. La contamination se répandit ensuite comme une traînée de poudre, touchant surtout la ville de Sakai, près d'Osaka. Pas moins de 5 000 enfants seront atteints en une semaine, en juillet. Les repas de cantine furent alors montrés du doigt, sans que l'on réussisse à identifier l'aliment responsable. Tout ce que l'on a pu découvrir est que la bactérie incriminée appartenait à la grande famille des *Escherichia-Coli*, dont il existe des centaines de formes, une trentaine d'entre elles provoquant des intoxications alimentaires. Cette bactérie tient sa toxicité d'un virus qui la parasite en lui faisant fabriquer un poison, la vérotoxine, lequel dégrade les vaisseaux sanguins en provoquant fièvre, vomissements et diarrhées sanglantes. Si les reins se fatiguent à lutter – ce qui est le cas chez les enfants et les personnes âgées – l'issue peut être fatale. Aucun médicament efficace n'existe contre cette infection, certains antibiotiques favorisant au contraire la multiplication du virus... Cette affaire, en tout cas, ne fut jamais élucidée. Et l'on notera qu'en France 146 des 533 cas d'intoxication alimentaire recensés en 1994 (donc plus de un sur quatre) sont également restés une énigme...

Rappelons également que cinq ans avant de toucher le Japon la bactérie O-157 avait sévi en Grande-Bretagne (dans des yaourts), puis aux États-Unis l'année suivante (dans des hamburgers), faisant alors quatre morts et cinq cents malades. En 1993, treize personnes furent gravement atteintes en Italie, avec des œufs.

La contamination des aliments est certainement le moyen le plus facile par lequel des terroristes pourraient administrer un agent biologique. Ils peuvent par exemple introduire celui-ci dans les chaînes de production d'aliments préparés, plus vulnérables que les conserves. La contamination d'aliments dans les laiteries, boucheries, conserveries, boulangeries, ainsi que dans les usines d'embouteillage de boissons gazeuses ou de bière, serait également une possibilité. Tous ces cas montrent combien il serait facile, pour un groupe motivé, de perpétrer un acte de bioterrorisme.

Chapitre 8

Armes biologiques à domicile

Nous sommes déjà exposés, dans notre vie de tous les jours, à des risques biologiques : la responsabilité des aliments avariés ou mal conservés est bien connue, mais il faut également tenir compte de la nocivité des peintures, vernis, colles et autres produits volatils que l'industrie chimique moderne met à notre disposition. Sans compter cette arme chimique inattendue, que l'on trouve dans toutes les cuisines : le poivre ! Nos ancêtres avaient découvert que du poivre projeté dans les yeux apportait une certaine gêne. Voilà 2000 ans, durant les guerres entre l'Inde et la Chine, du poivre fut déjà utilisé, et les anciens guerriers faisaient sécher du poivre rouge dans du papier de riz. Quand l'ennemi s'approchait, ils envoyaient les enveloppes de papier de riz qui, se déchirant sur le visage des adversaires, irritaient immédiatement les yeux et les voies respiratoires. Sa vision limitée par les brûlures, l'adversaire était affaibli. C'est exactement le principe des « bombes » lacrymogènes actuelles.

**

D'une façon générale les germes pathogènes courants (salmonelle, listeria) sont responsables – rien qu'aux États-Unis – de 325 000 hospitalisations annuelles et 7 000 décès. Sans compter 8 000 fuites de produits toxiques considérées comme « sérieuses », qui font en moyenne quelques 350 morts par an. Et il faut avoir qu'en France, au début du siècle dernier, la mauvaise qualité du lait tuait à elle seule 4 000 enfants chaque année.

Dans ce contexte de santé publique il faut bien reconnaître que la morbidité et la mortalité dues au bioterrorisme sont pour l'instant infimes. Il n'en reste pas moins que les mêmes causes produisant les mêmes effets, tout l'« arsenal » des bactéries pathogènes impliqué dans les maladies d'origine alimentaire peut être détourné à des fins criminelles. Il est parfaitement possible d'utiliser les six principaux germes responsables de ces intoxications (*Salmonella typhosa, Campylobacter jejuni, Escherichia coli, Listeria monocytogenes, Staphylococcus aureus et Clostridium perfringens*) pour en faire les agents d'une arme biologique. Salmonella, Campylobacter et Listeria ont d'ailleurs déjà été utilisés pour provoquer des infections alimentaires et des empoisonnements. La listeria, la plus connue, est une bactérie pathogène « opportuniste », c'est-à-dire qu'elle est inoffensive pour un individu en bonne santé, mais peut se révéler dangereuse – voire mortelle – si elle est ingérée par une personne aux défenses immunitaires affaiblies. Les personnes âgées et les malades immunodéprimés sont particulièrement sensibles.

**

Outre ce qui se passe dans la cuisine, il existe des dangers avec les produits du jardin, qui peuvent eux aussi constituer des armes. On recense aujourd'hui 8 500 produits différents sur le marché des pesticides, et pas moins de 900 matières actives entrent dans leur composition. Les traitements appliqués aux cultures sont parfois très nombreux, trop nombreux. Insecticides, fongicides et herbicides se succèdent dans les traitements effectués tout au long de l'année, et finissent par s'accumuler dans le sol et dans l'eau, où ils se dégradent. L'agriculteur – tout comme le jardinier du dimanche – peut utiliser sans mise en garde particulière de l'aldrine, de la dieldrine, du lindane, du malathion, ou du parathion, produits qui même périmés restent toujours extrêmement toxiques. Dans plusieurs pays africains, de nombreux accidents sont régulièrement provoqués par des pesticides abandonnés en plein air, à proximité de points de stockage ou de vente de produits alimentaires, ou à portée des enfants.

Grâce aux progrès en chimie organique et en biologie les laboratoires ont mis au point des moyens de lutte phytosanitaire de plus en plus puissants. C'est ainsi que naquirent, dans les années 1940, les premiers insecticides organiques de synthèse. C'était une victoire très attendue dans la lutte contre les insectes nuisibles. Mais cela marquait en même temps le début d'une ère nouvelle en matière de guerre chimique.

Juste après la Seconde Guerre mondiale, la première génération de pesticides chimiques était constituée de composés chlorés comme le lindane, bien connu des agriculteurs, mais aussi le fameux D.D.T. C'est dans les années 1960 qu'arriva sur le marché une seconde génération, celle des pesticides organiques de synthèse. Ce sont pour la plupart des composés dits « organophosphorés ». Par rapport à leurs prédécesseurs, ils ont l'avantage de se dégrader rapidement en matières non toxiques, mais certains d'entre eux restent de redoutables poisons pour les animaux et pour l'homme.

Les propriétés insecticides de ces composés dits « organophosphorés » furent découvertes – fortuitement – en 1937 par l'Allemand Gerhard Schrader, directeur de la Société Farben. Ce produit, utilisé pendant la Seconde Guerre mondiale, fut commercialisé par la suite sous le nom de « Bladan ». Et l'on frémit en songeant que des composés aujourd'hui banals, disponibles dans les jardineries, sont issus de substances utilisées dans les camps de la mort. Leur utilisation est toutefois maintenant interdite en France à cause de sa redoutable toxicité pour les vertébrés à sang chaud, imposant le port d'un masque à gaz et d'une combinaison étanche lors des traitements des cultures ! Il agit par contact cutané, et se trouve être plus toxique que le phosgène, utilisé à grande échelle pendant le conflit irako-iranien des années 1990.

La neurotoxicité des insecticides de type organophosphoré, comme celle de tous les autres composés de ce groupe chimique, provient de leur capacité à agir sur une enzyme (substance organique accélérant une réaction biologique comme le fait un catalyseur en chimie) bloquant ainsi la transmission de l'influx nerveux par son « messager » chimique. Ces substances entraînent alors une paralysie foudroyante. Leur effet insecticide résulte de la même propriété, à ceci près qu'ils agissent chez les insectes uniquement au niveau du système nerveux central. D'autres provoquent la paralysie et la mort quasi immédiatement : c'est le cas des gaz neurotoxiques (dits « innervants ») mis au point par les nazis (tabun, sarin, soman), ainsi que le « VX » mis au point par les Britanniques au milieu des années 1950.

Parmi les autres insecticides de type organophosphoré,

dont la toxicité est suffisante pour qu'ils soient utilisés comme arme chimique rudimentaire, citons le « Schradan » et le « Dimefox » – que n'importe qui peut acheter en grande quantité – et qui sont, avec l'« Aldicarbe », les plus toxiques des insecticides encore utilisés en toute légalité. Le Dimefox est en effet homologué pour le houblon, et on l'emploie également sur des cultures tropicales dans le tiers monde, en particulier sur le cacaoyer et le caféier.

**

Il fallut attendre le milieu des années 1970 pour que sortent des laboratoires des pesticides sélectifs, les pyréthrinoïdes de synthèse. Reposant sur une meilleure compréhension des mécanismes cellulaires propres à chaque espèce, ils permettent de s'attaquer aux seuls insectes nuisibles, tout en respectant la faune et la santé de l'homme, bien qu'ils soient cent fois plus puissants que le D.D.T ! Les laboratoires d'agrobiologie s'emploient actuellement à développer ce qui sera la quatrième génération d'insecticides, mettant à profit le génie génétique pour cibler encore plus précisément leur action.

Il n'en reste pas moins que – quelle que soit la génération considérée – il est toujours possible de pervertir l'usage de ces insecticides, en particulier ceux qui sont liquides à température ambiante ou peuvent être facilement dissous dans un solvant afin de donner un aérosol. Il est probable que les armes chimiques irakiennes, si souvent évoquées durant la guerre du Golfe, sont simplement des matières actives tirées de molécules insecticides, ellesmêmes issues du phosgène, l'un des gaz de combat utilisé durant la Grande Guerre. Combiné à un produit baptisé méthylamine, il donne le méthyl-isocyanate, liquide très volatil et beaucoup plus toxique, qui fut la cause de la catastrophe de Bhopal.

Ce jour-là, le 2 décembre 1984, la libération accidentelle dans l'atmosphère d'une quantité de ce composé, estimée à une quinzaine de tonnes, provoqua la mort de plusieurs milliers de personnes et en intoxiqua gravement 170 000, dont 30 000 sont aujourd'hui invalides par lésion irréversible de l'appareil respiratoire, quand ils ne sont pas devenus aveugles...

**

Les pesticides sont évidemment conçus pour des applications pacifiques, à savoir la protection des cultures. Mais les molécules toxiques fabriquées par l'industrie chimique, et détournées de leur usage premier par des États désireux de se doter facilement d'armes chimiques, constituent une menace sérieuse. L'industrie des pesticides occupe donc une position névralgique dans le développement des armes chimiques. Parmi les insecticides, ce sont des esters de l'acide phosphorique, tels que le « Malathion » ou le « Parathion » qui possèdent une parenté chimique avec les gaz innervants. Citons également des insecticides comme le « Carbaryl », qui utilisent dans leur fabrication des produits intermédiaires comme le phosgène, et peuvent donc être facilement détournés vers des usages militaires. L'accident de Bhopal, déjà évoqué, illustre de façon effroyable l'extrême toxicité de tels insecticides. Les « organophosphorés » appartiennent à une famille chimique dans laquelle se rangent les plus redoutables gaz de combats dits innervants, ou neurotoxiques. Or pas moins d'un demi millier de molécules de ce groupe sont homologuées pour des usages agricoles ou vétérinaires !

Même si les recherches récentes, nous l'avons vu, ont

permis aux firmes agrochimiques d'isoler des composés plus spécialement toxiques pour les insectes et très peu nocifs pour les vertébrés à sang chaud, l'origine de ces substances montre bien les liens troubles qui relient la fabrication industrielle des pesticides et celle des armes chimiques.

**

L'arme chimique et biologique ne vise pas forcément à tuer, mais parfois seulement à « incapaciter ». Toutes les polices du monde utilisent ainsi des grenades lacrymogènes, qui entrent bel et bien dans la catégorie des armes chimiques. Les premiers produits anti-émeutes, à base de chlore, n'irritaient que les yeux, et de simple lunettes de plongée suffisaient à s'en protéger. Ils ont depuis été remplacés par des produits qui attaquent les voies respiratoires en faisant tousser et en provoquant une sensation de brûlure dans les poumons. C'est ce type de gaz, le « CB », qui fut utilisé par les CRS contre les manifestants de mai 1968. Il est actif dès 4 mg/m^3 de concentration, mais il en faudrait dix mille fois plus pour atteindre le seuil mortel.

Il n'en reste pas moins que si ces gaz sont sans risque en plein air, leurs effets se trouvent décuplés en espace confiné. À titre de comparaison les « bombes lacrymogènes » personnelles, vendues dans le commerce comme produits d'auto-défense, ont des concentrations de 0,1 à 5 %, alors que celles des grenades utilisées par les forces de l'ordre sont comprises entre 25 et 32 %... Bien que non létaux, les gaz des grenades lacrymogènes ne sont donc pas anodins pour autant.

D'autant qu'en plus du « CB », simplement irritant, la panoplie existante se complète par le « CN » (chloracétophénone), et le « CS » (désigné par les initiales de ses inventeurs, Corson et Stoughton), qui aux effets lacrymogènes ajoutent des nausées et des vertiges. Plus irritants encore, et plus dangereux car caustiques, sont le « BM » (Bromacétate d'éthyle) et l'adamsite (« DM »). Ce dernier produit est un émétisant, c'est-à-dire qu'il provoque des vomissements. Il s'agit d'un produit à base d'arsenic, qui fut utilisé pour la première fois à la fin de la Première Guerre mondiale.

Dans de nombreux pays, utiliser des produits chimiques contre les personnes est un sujet très sensible. Parler d'équipement chimique dans les pays européens entraîne généralement la réaction « c'est un gaz », et l'on évoque alors les horreurs de la guerre.

Chapitre 9

L'agriculture en première ligne

L'agriculture et l'élevage sont certainement le secteur économique le plus facile à déstabiliser et à paralyser par des actes de bioterrorisme. Toute atteinte aux cultures ou aux cheptels aurait des conséquences catastrophiques. Il n'est qu'à voir ce qui s'est passé en France, par exemple, avec la « vache folle ».

Les agriculteurs, qui doivent déjà faire face aux sécheresses, aux insectes et à la chute des cours, vont désormais devoir prendre en compte une autre menace : le bioterrorisme.

La cible, cette fois, n'est pas l'homme en lui-même mais les cultures ou les animaux. Des agents biologiques peuvent en effet facilement être dirigés contre des cibles agricoles, avec des conséquences qui, bien que sans comparaison avec une hécatombe humaine, pourraient néanmoins être qualifiées de catastrophiques. Sans faire de victimes humaines – sauf dans le cas d'une contamination dans l'industrie de la transformation des aliments – une attaque contre l'agriculture ou l'élevage d'un pays pourrait avoir des conséquences « désastreuses » parce qu'elle provoquerait des ruptures sociales graves. Du coup, une simple épidémie au départ finirait par avoir des conséquences politiques, les citoyens pouvant accuser le gouvernement d'incompétence.

**

L'idée de ce type d'agression n'est pas neuve : déjà en 1915 le Dr. Anton Dilger, médecin d'origine allemande installé aux États-Unis, répandit des souches d'anthrax et de morve dans des élevages de chevaux, mules et bovins destinés aux alliés en Europe, provoquant une sévère flambée épidémique. Il avait aménagé une petite installation de production d'agents biologiques dans la banlieue nord-ouest de Washington. Avec des cultures de charbon bactéridien et de *Pseudomonas mallei* (morve) fournies par le gouvernement allemand, le Dr. Dilger a produit plus d'un litre d'agent qui permit d'infecter plus de 3 000 animaux. Plusieurs centaines de membres du personnel militaire ont également été atteints. Les agents pathogènes étaient expédiés de Berlin puis cultivés par le médecin dans la cave de sa maison.

On a dit aussi que le typhus avait été volontairement répandu par les Allemands parmi les troupes russes, mais il est difficile de savoir si ces maladies étaient liées à l'état sanitaire de troupes en guerre, ou à des contaminations volontaires. Les enquêtes menées après la défaite allemande vont cependant dans le sens des accusations soviétiques.

En 1916, des lots de culture du germe *Pseudomonas mallei*, cause de la « morve », maladie grave touchant surtout les chevaux mais transmissible à l'homme, furent saisis à la légation allemande de Bucarest. Des notices y étaient jointes, précisant le mode d'emploi : « Chaque ampoule suffit pour 200 chevaux. Autant que possible inoculer directement dans la gueule, sinon mêler au fourrage. » Plusieurs notes du grand quartier général allié firent par ailleurs état de tentatives de dispersion de *Pseudomonas mallei* et de *Vibrio cholerae* en plusieurs points du front après le recul des armées allemandes en octobre 1918.

**

Revenons sur quelques cas naturels bien connus afin de prendre toute la mesure d'une action qui serait menée intentionnellement.

Il y a d'abord la grande famine qui toucha l'Irlande au XIXe siècle. Son origine tient à l'apparition d'une maladie de la pomme de terre, pourtant cultivée depuis près de deux siècles sans aucun problème. Cette tubercule originaire du Mexique était devenue la denrée dominante, représentant 80 % du régime calorique des paysans. Le mildiou – dû à un champignon qui provoque des taches brunes sur les tiges et les feuilles – fut observé pour la première fois en 1840, et en 1845 commença à détruire les récoltes. Trois ans plus tard, tous les plants étaient décimés, et la famine ne tarda pas à frapper, accompagnée de diverses épidémies (typhus, dysenterie, scorbut). Les gens mourraient par dizaines de milliers, au bord des routes. Au total, pas moins d'un million et demi d'Irlandais périront, et la plupart des survivants s'entasseront, à partir de 1847, à bord de bateaux en partance pour l'Amérique. Lesquels seront surnommés « bateaux-cerceuils » en raison du taux élevé de mortalité à leur bord. Les autres, affaiblis par la malnutrition et la maladie, arrivaient dans un état déplorable, souvent atteints du typhus, maladie qui prit rapidement l'ampleur d'une épidémie. En dix ans, la population de l'île passa de 8,5 à 4 millions d'habitants, et c'est à cet épisode douloureux de l'histoire de cette île que l'on doit l'importance de la communauté irlandaise en Amérique du Nord, dont on connaît d'illustres descendants en la personne des « Kennedy ».

Il est donc facile de ruiner un pays : il suffit d'y introduire clandestinement des maladies ou des parasites s'attaquant au monde végétal. Souvenons-nous, par exemple, du désastre que fut pour la vigne et les vignerons l'arrivée du phylloxera en Europe, et spécialement en France à partir de 1865.

Ce minuscule puceron jaune venu des États-Unis, s'attaquait aux racines de la vigne et allait détruire les deux tiers des vignobles de l'Hexagone. En 1885 la récolte nationale – qui était auparavant de 80 millions d'hectolitres en moyenne – était tombée à 25 millions d'hectolitres. En sept ans, entre 1872 et 1879, dans le Gard, la superficie de la vigne fut divisée par six, passant de 86000 à 15000 hectares. Le prix de la terre dans les régions concernées, bien évidemment, s'effondra. Avant le phylloxera, un hectare en Grande-Champagne, près de Cognac, se vendait 7000 francs. Après la crise, il n'en valait plus que 600...

Moins d'un siècle plus tard, en 1943, c'est un champignon qui, en se fixant sur les plants de riz, en Inde, détruisit 90 % de la récolte. À la même époque, en 1947 la désorganisation de l'agriculture soviétique fut responsable d'épidémies dignes d'une guerre biologique. Dans le seul district d'Orenbourg, au sud de l'Oural, qui fut le plus atteint, 300 000 personnes (10 % de la population locale) sont mortes d'une mystérieuse maladie hémorragique. Le responsable était un grain empoisonné qui générait des toxines proches de celles de l'ergot du seigle, responsable de nombreuses morts au Moyen Âge, quand le pain était souvent fait avec de la farine contenant de grandes quantités d'ergot. Le responsable est le *claviceps purpurea*, un petit champignon parasite qui atteint le seigle, le froment et l'avoine. Connues depuis le milieu du XVIe siècle sous le nom de *Clavus siliginis*, les épidémies d'ergotisme – ou « maladie de St-Antoine » (encore appelée « Feu Sacré » ou « Mal des Ardents ») – avaient de graves conséquences sur la santé physique et mentale des individus atteints.

Une fois sa nature reconnue, les chercheurs soviétiques baptisèrent cette affection « aplasie toxique alimentaire », et les biologistes militaires soviétiques allaient plus tard en profiter pour produire artificiellement cette toxine en grandes quantités. Grâce à l'ingénierie biochimique elles sont devenues des supertoxines idéales pour une arme biologique. Elles peuvent notamment être mélangées à un produit hydrophile, de façon à être lessivées par les pluies. Des inspecteurs occidentaux, qui se sont rendus au Laos à l'époque où l'on suspectait les Khmers rouges d'utiliser de telles armes, ont ainsi trouvé des traces d'un détergent dont la présence était plutôt inhabituelle dans la jungle indochinoise... Il semble donc que les Khmers rouges aient utilisé contre leurs opposants des armes biochimiques made in URSS.

Ces toxines étant produites par des organismes vivants, il s'agit d'armes biologiques, et non chimiques. Les victimes peuvent mourir avant même d'être conscientes de l'attaque, mais à l'inverse, on peut choisir des toxines destinées à terroriser les survivants : il suffit d'en inonder villes et villages, en les glissant par exemple dans le système de climatisation des immeubles, ou dans le circuit de distribution d'eau potable... Sous forme rémanente, elles peuvent par ailleurs imprégner le sol pendant des mois ou des années, et interdire l'accès à tout intrus. C'est ainsi que les Soviétiques ont verrouillé en 1980 le nord-est de l'Afghanistan pour empêcher toute assistance directe à la résistance afghane.

**

Il faut également évoquer, concernant une attaque bio-agricole, la contamination de l'environnement, et la création d'une insécurité alimentaire par empoisonnement de stocks de nourriture. L'insécurité sanitaire est une forme subtile de la guerre biologique. L'Irak, par exemple, a admis que, pendant les années 1980, il développait au moins un agent biologique afin de rendre le grain infecté inutilisable pour la consommation humaine.

Contaminer délibérément de la nourriture par des herbicides, des insecticides, des polluants, ou des métaux lourds est un autre volet du bioterrorisme. On aura une idée des conséquences possibles en rappelant l'exemple du drame de Minamata au Japon : 20 000 personnes contaminées et 857 morts, en dix ans, suite à de l'eau contaminée par des déversements industriels de mercure dans la baie qui borde cette ville.

Quant aux sites potentiels pour le relâchement d'un agent infectieux ils ne manquent pas, à commencer par les foires, les marchés, ou les salons agricoles, puisque sont réunis en un même lieu un grand nombre d'animaux. Dans le cas de la fièvre aphteuse il n'est même pas besoin de disperser l'agent actif, puisqu'il est contaminant. Il suffit d'infecter un seul animal ! Les prairies elles-mêmes sont très vulnérables, car facilement accessibles. Et l'épidémie ainsi provoquée aurait toutes les apparences d'une épidémie naturelle...

**

À ce propos, tout le monde se souvient des images terrifiantes de ces bûchers allumés en Grande-Bretagne au début du printemps 2001, où furent sacrifiées des millions de bêtes en raison d'une soudaine et surprenante épidémie de fièvre aphteuse. On ne peut donc manquer de s'interroger sur l'origine de cette épizootie, qui débuta le 19 février 2001 du côté de Brentwood, au nord-est de Londres, avant de déborder sur une partie de l'Europe continentale.

Elle constitue un excellent exemple illustrant les conséquences d'une épidémie animale infectieuse, puisque pas moins de six millions d'animaux seront finalement abattus. Nombreux d'ailleurs sont ceux qui réagirent violemment vis-à-vis des mesures imposées par la Communauté européenne et les différents gouvernements concernés. Lors d'épizooties précédentes, dans les années 1950 et avant, on soignait les animaux mais on ne les abattait pas. Pourquoi donc fallait-il maintenant procéder à ces abattages en masse, suivis d'impressionnantes incinérations ? Question posée avec d'autant plus d'insistance par les éleveurs que la fièvre aphteuse est très rarement mortelle pour les animaux, et que les bêtes atteintes ne sont absolument pas dangereuses pour l'homme. Même le Syndicat national des vétérinaires libéraux [19] fit connaître son désaccord, en réclamant – en vain – une vaccination généralisée. On eut en effet du mal à admettre et à comprendre cette nouvelle procédure, justifiée officiellement par la nécessité de préserver le marché à l'exportation.

Et s'il y avait à ce comportement une autre raison ? Une raison non avouable ? Et si – sans pouvoir le dire – les autorités européennes avaient pris cette décision d'abat-

19. Communiqué de presse du 9 mars 2001.

tage systématique pour une raison grave ? En clair, se peut-il que cette épidémie soit le résultat d'une attaque bioterroriste ? Cela expliquerait alors ces mesures extrêmes, ces crémations impressionnantes de milliers de bêtes dans des tranchées creusées à la hâte, dont la télévision a largement diffusé les images. Un tel scénario fut justement évoqué, à la même époque, lors du premier congrès international qui se tenait sur ce thème à Dubrovnik, en Croatie.

L'analyste Claude Salhani, expert dans le domaine du terrorisme international, n'a pas caché que cette possibilité d'une épidémie résultant d'un acte bioterroriste a été sérieusement étudiée, et que l'on pouvait craindre qu'il s'agisse seulement là d'un coup d'essai, prélude à une autre opération encore plus dévastatrice. On peut se poser la même question pour la « vache folle ». S'agit-il d'attaques parfaitement planifiées par des « agro-terroristes » ? L'hypothèse peut sembler relever d'un scénario de science-fiction, et pourtant des experts en terrorisme le considèrent comme tout à fait plausible, même si pour des raisons évidentes ils ne souhaitent pas semer la panique.

Le spécialiste russe Ken Alibek – qui rappelons-le vit aujourd'hui aux États-Unis, en Virginie – s'est lui aussi exprimé sur le sujet : « Si c'est le cas, n'attendez pas que l'on vous en parle officiellement. Car le fait de le reconnaître créerait la panique, et encouragerait d'autres terroristes. » Le plus grand problème est qu'on ne peut pas savoir formellement s'il y a eu ou non attaque. Il est impossible de faire la part entre une épidémie naturelle et une épidémie provoquée, car le bacille est évidemment identique dans les deux cas. « Je ne peux pas vous dire si c'est le cas, je n'en sais rien », poursuit l'ex numéro 2 du programme soviétique d'armes bactériologiques. « Mais quand on assiste à quelque chose de cette ampleur au

XXIe siècle, cela devient très suspect. Il ne s'est rien passé pendant des dizaines d'années, et puis, subitement, démarre une énorme épidémie, incontrôlable... Cela pose des questions [20]. » L'on se trouve dans le même cas de figure que celui – nous l'évoquerons plus loin – du virus du Nil occidental apparu brusquement voici quelques années aux États-Unis, alors qu'il n'avait encore JAMAIS sévi de ce côté de l'Atlantique. On le trouvait jusque-là en Afrique, en Asie occidentale et au Moyen-Orient.

**

C'est la preuve, en tout cas, qu'une épizootie est le moyen idéal pour toucher durement l'économie d'un pays, sans aucun risque pour l'attaquant, et sans déclaration de guerre officielle. Il est facile, à l'occasion de foires agricoles, par exemple, de disséminer l'agent de la fièvre aphteuse qui est difficilement détectable.

Certains ont évoqué une vengeance de l'Irak, qui ne manque pas de mobiles, à commencer par les souffrances consécutives à l'embargo imposé depuis la guerre du Golfe par les États-Unis et le Royaume-Uni. Peter Probst, vice-président et directeur du « Institute for the Study of Terrorism and Political Violence », est convaincu qu'il faut voir dans cette affaire la main de Saddam Hussein.

Un article publié par le journal égyptien Al-Ahbar durant l'opération « tempête du désert » affirma d'ailleurs que l'Irak possédait « un réseau d'agents secrets prêts à poser des bombes chimiques et bactériologiques dans les capitales européennes ». Selon cet article repris en Russie [21]

20. *Biohazard*, par Ken Alibek, avec Stephen Handelman, Hutchinson.

21. *Komsomolskaya Pravda* du 25 janvier 1991.

les cibles étaient les aéroports, des écoles, des trains, des raffineries de pétrole et même les hôpitaux où les blessés auraient été soignés... La raffinerie de Rotterdam, la plus importante du monde, était en tête de liste. Cette possibilité n'aurait rien d'étonnant quand on sait que les douanes britanniques ont été placées en état d'alerte suite à des rapports évoquant une tentative irakienne de contrebande pour faire passer de l'anthrax dans des bouteilles destinées aux ventes en duty-free. Quelques semaines auparavant le Premier ministre Tony Blair avait lui-même agité le spectre de l'arme biologique lors d'un débat à la Chambre des Communes. Les experts en agroterrorisme restent toutefois prudents tant l'accusation est grave, mais laissent entendre à demi mot que c'est plausible.

Cette épidémie est en tout cas le plus grand désastre qui ait frappé l'agriculture britannique à l'époque moderne, avec un préjudice économique considérable, évalué à 25 milliards d'euros. On notera que le ministère de l'Agriculture américain a avoué depuis lors qu'il travaillait sur un nouveau vaccin pour la fièvre aphteuse, considérant qu'une autre attaque de ce type était imminente...

**

Comme nous le rappelons ci-dessus, les États-Unis ont également connu récemment, à l'automne 2000, une épidémie qui fit évoquer le spectre d'une contamination volontaire par des animaux. « New York : alerte au bioterrorisme » titra on ne peut plus clairement un grand quotidien national français [22]. Il est vrai qu'il y avait de quoi être inquiet, avec le recensement par les autorités sanitaires de 62 cas d'encéphalite, dont sept décès, en

22. *Le Figaro* du 12 octobre 1999 (article de Jean-Louis Turlin).

l'espace d'un mois. Par ailleurs, plusieurs vaches furent trouvées mortes tout près de New York, dans les comtés de Bergen, New Jersey et Rockland. Cette fois il ne s'agissait pas de fièvre aphteuse, mais du virus de la fièvre du Nil occidental. Découverte en 1930 en Ouganda, cette fièvre se transmet à l'homme et à certaines espèces animales (les chevaux surtout), véhiculé par des oiseaux après que ceux-ci ont eux-mêmes été piqués par un moustique. Les symptômes sont similaires à ceux de la grippe, avec grande fatigue et forte poussée de fièvre.

Des études scientifiques ont toutefois établi peu après que l'épidémie new-yorkaise rappelle beaucoup celle survenue en Roumanie en 1996, et que la souche du virus concerné ressemble beaucoup à une autre, identifiée en Israël en 1998. A priori, il s'agirait donc d'une épidémie d'origine naturelle. Le français Vincent Deubel, spécialiste des virus à l'Institut Pasteur, est également de ceux qui ne pensent pas que cette épidémie d'encéphalite par le virus du Nil soit liée à une action bioterroriste. Il n'empêche que ce virus inquiète les biologistes car depuis quelques temps il provoque de plus en plus d'épidémies en Europe. En 1998, des chevaux furent en effet infectés en Italie, et durant l'année 2000 en Camargue.

L'épidémie, qu'elle soit naturelle ou provoquée par un acte de bioterrorisme, semble en tout cas s'étendre d'année en année. Elle réapparut encore durant l'été 2001 (soixante-six infections humaines dont neuf décès) et durant l'été 2002 (29 décès). Ces derniers sont d'autant plus alarmants qu'ils concernent des habitants de Floride et de Louisiane, zones plutôt éloignées de la région de NY, touchée jusque là. Le Centre américain de contrôle et de prévention des maladies, le célèbre CDC d'Atlanta, a immédiatement investi 2,7 millions de dollars pour aider les services sanitaires de dix neuf États à développer des programmes de surveillance de ce virus. Les oiseaux étant les principaux vecteurs, ce sont essentiellement les régions qui se trouvent sur le trajet des espèces migratrices, sur la façade atlantique, qui ont bénéficié de ces subventions.

Le plus inquiétant dans cette affaire est que le virus en question – que les anglo-saxons ont baptisé « West Nile » – touche pour la première fois les États-Unis... Et l'argument de la multiplication des voyages à travers le monde, souvent utilisé pour expliquer les apparitions virales atypiques, ne tient pas [23]. Ce n'est pas d'aujourd'hui, en effet, que le monde s'est rétréci avec les voyages aériens, et si ce phénomène en était la conséquence il se manifesterait depuis déjà longtemps.

En revanche, le fait qu'en 1985 le CDC d'Atlanta ait expédié trois ampoules de virus de la fièvre du Nil occidental en Irak, pour une utilisation censée concerner la recherche médicale, est autrement plus concret... Ce n'est certes pas une preuve de la culpabilité de ce pays dans une possible attaque bioterroriste, juste une coïncidence qui méritait néanmoins d'être relevée. Il est d'ailleurs de notoriété publique que cette épidémie fut prise très au sérieux tout à la fois par le FBI, l'US Army, et les services d'espionnage américains (CIA et NSA). Un audit du Congrès fut par ailleurs demandé par le sénateur Charles Schumer afin d'analyser la réponse du gouvernement à cette épidémie, et déterminer les failles qui pourraient s'avérer dramatiques en cas d'attaque bioterroriste... Le magazine *The New Yorker* révèle par ailleurs que des

---

23. Lors d'une conférence à Atlanta, le 19 juillet 2000, des chercheurs ont averti que le virus du Nil occidental pouvait être le premier d'une nouvelle génération d'épidémies mortelles provoquées par l'accroissement des voyages à travers le monde.

scientifiques irakiens se sont intéressés à l'étude de ce virus. Mikhael Ramadan, un ancien conseiller de Saddam Hussein réfugié aux États-Unis, relate en effet l'une de ses entrevues avec le leader irakien, qui en 1997 lui aurait présenté un dossier contenant les plans d'un laboratoire dans lequel devait être mis au point le « SV-1417 7», variété du virus « West Nile »...

**

La crainte que les terroristes aient envisagé d'utiliser des avions d'épandage pour disperser sur les villes des agents biologiques doit également être prise très au sérieux. L'expert britannique Malcolm Dando, professeur de sécurité internationale à l'université de Bradford, est on ne peut plus explicite à ce sujet : « Si vous voulez utiliser des armes biologiques, l'un des meilleurs moyens est l'avion d'épandage agricole. » Une estimation du Stockholm International Peace Research Institute – qui date de 1982 – indique qu'un avion d'épandage agricole « permettrait de disséminer le virus de la fièvre jaune en une seule opération ».

Il existe 4000 avions de ce type aux États-Unis, chacun pouvant emporter en moyenne 2000 litres de produits chimiques, et le risque de l'utilisation frauduleuse d'un seul d'entre eux est donc parfaitement plausible. Or le FBI a retrouvé un manuel sur les techniques d'épandage par avion dans les bagages d'un des suspects du World Trade Center. De plus on sait que Mohamed Atta est venu en personne se renseigner à l'aérodrome de Belle Glade, en Floride, sur la possibilité de faire voler de tels avions, et posa plus particulièrement des questions sur leur capacité.

Les « Crop-dusters » furent ainsi cloués au sol le 16 septembre, cinq jours après les attaques sur New York et Washington. Et le site Internet de la National Agricultural Aviation Association, l'association américaine de l'aviation agricole, multiplia les avertissements à ce sujet en invitant ses membres à signaler au FBI toute activité suspecte relative à l'utilisation de produits chimiques.

Ces menaces sont prises d'autant plus au sérieux qu'un manuel de pulvérisation fut découvert dans le Minnesota, au domicile de Zacarias Moussaoui, le terroriste français arrêté aux États-Unis. Les syndicats de routiers ont également été mis en alerte, pour signaler toute activité suspecte concernant le transport de produits chimiques, bactériologiques ou radioactifs. Car une attaque par avion, sur de grandes étendues, nécessiterait de stocker puis de transporter préalablement de grandes quantités de produits. Le FBI a d'ailleurs arrêté à Chicago, une semaine après les attentats, un ancien chauffeur de taxi de Boston, Nabil Almarahb, qui avait des liens avec les terroristes. Or, le jour même du drame, il avait passé un permis poids lourd pour le transport de matières dangereuses...

En outre, début 2002, le Département américain de l'immigration suspendit par précaution tous les visas de scientifiques étrangers travaillant dans les laboratoires de virologie du Département américain de l'agriculture (USDA).

**

Si le but des terroristes est seulement de provoquer une désorganisation du commerce, aucun équipement particulier n'est nécessaire : il suffit de quelques gouttes d'un agent toxique. Il est même possible d'introduire ce produit dans le pays visé sans que le terroriste s'y trouve lui-même ! De nombreux pays importent en effet du foin, des engrais, ou de la nourriture pour le bétail. Rien de plus facile alors que d'introduire des germes pathogènes par ce biais, sans même entrer dans le pays concerné...

L'agriculture actuelle, surtout dans les pays développés, a des caractéristiques qui la rendent par ailleurs vulnérable à une attaque de bactéries génétiquement modifiées, introduites intentionnellement.

Des groupes terroristes peuvent avoir de nombreuses raisons de s'intéresser aux armes biochimiques pour toucher l'agriculture, et seuls des terroristes idéologiquement motivés lanceraient des revendications ; les autres chercheront à faire passer l'épidémie pour naturelle. Ces « biocriminels » peuvent tout aussi bien être des employés mécontents du secteur agricole, des groupes millénaristes, des écologistes anti-OGM, des spéculateurs, ou encore des individus guidés par le profit. Comme par exemple les fermiers de Nouvelle Zélande accusés d'avoir importé secrètement et illégalement, en 1997, la myxomatose. C'est là un précédent qui peut donner des idées...

**

On ne compte plus, de par le monde, les épizooties qui ont éliminé ou réduit le cheptel par la propagation de maladies. C'est le cas, par exemple, de la peste bovine, endémique en Afrique. Citons encore la myxomatose et la fièvre aphteuse, qui ont entraîné aux États-Unis, entre 1902 et 1922, l'abattage de quelques 300 000 animaux d'élevage !

À l'exception de quelques agents, la plupart des maladies causées par ces attaques dans le secteur de l'agriculture et de l'élevage ne sont toutefois pas dangereuses pour les humains. Il n'en reste pas moins que la désorganisation qui s'ensuivrait aurait de profondes répercussions politiques et sociales. La perte de cultures et de troupeaux provoquerait tout à la fois une flambée du prix des denrées alimentaires et un accroissement du chômage. N'oublions pas les effets sur les marchés financiers, et le manque à gagner considérable des interdictions à l'exportation associées à une telle attaque. Les diverses épizooties qui ont touché des élevages européens ces dernières années ont en effet coûté fort cher en éradication des maladies et en embargos commerciaux. En Irlande, par exemple, l'affaire de la fièvre aphteuse aura coûté 210 millions d'euros, et cela pour une seule bête contaminée !

Sans compter que – pour ce qui concerne les cultures – ce sont des milliers d'hectares qui devront être rasés, brûlés, afin de contenir l'épidémie. Ces épidémies végétales peuvent certes être contenues par l'application de pesticides à grande échelle, mais une utilisation trop intense de ceux-ci ne serait pas sans actions sur l'environnement et la santé humaine.

On peut se faire une idée concrète de l'ampleur d'un acte d'agroterrorisme en rappelant qu'une épidémie de fièvre porcine à Taïwan, en 1997, se solda par la mort de 4 millions de porcs et 7 millions de dollars de pertes brutes. Il faut ajouter à cela 4 milliards pour l'éradication et la désinfection, et 15 milliards de manque à gagner à l'exportation. Une épidémie identique en Italie, quatre ans auparavant, avait coûté 12 millions de dollars pour l'éradication et la désinfection, et 120 millions dollars en perte de revenus. Quant aux Pays-Bas, également touchés par le même fléau en 1998 (un million de porcs décimés) ils ont été pénalisés de 3 millions de dollars.

Les conséquences peuvent être tout aussi désastreuses concernant les exportations de fruits et légumes. Les maladies virales transmises par le moustique *Bemisia tabaci* sont par exemple responsables de grosses pertes en melons, pommes de terre, tomates et aubergines. La même situation s'est présentée au milieu des années 1970 dans les ex-Antilles britanniques, entraînant une perte de devises de 50 millions de dollars pour la République Dominicaine. Pertes sévères également à Sainte-Lucie, Saint-Kitts et Nevis, Saint-Vincent, aux Grenadines, ainsi qu'à Trinidad et Tobago. À Grenade, les pertes en céréales au milieu des années 1990, furent estimées à 50 millions de dollars, suite à une attaque par l'insecte *Maconnellicoccus hirsutus.*

Mais si dans les cas que nous venons de citer l'atteinte est manifestement naturelle, il y eut cependant déjà quelques cas qui préfigurent ce que pourrait être une attaque terroriste en ce domaine. Ainsi, à la fin des années 1970, Israël dut réduire de 40 % ses exportations d'oranges vers l'Europe à cause d'une contamination au mercure liquide attribuée à des sympathisants palestiniens. En 1989, de même, la contamination au cyanure de quelques raisins chiliens coûta 200 millions de dollars aux producteurs de fruits. Les pays qui ont un programme militaire secret d'armes biologiques (leur nombre actuel est estimé à une dizaine) sont probablement en possession d'agents pour une attaque agricole. C'est le cas de l'Irak, par exemple, qui a développé en tant qu'arme la rouille du grain de blé, à l'origine pour l'utiliser contre l'Iran.

**

Le plus grave est qu'une attaque de ce type ne serait pas perceptible immédiatement, mais provoquerait une sérieuse atteinte en matière de sécurité alimentaire, sujet devenu ultrasensible à l'ère de la « vache folle ». Il faut bien reconnaître que de fausses alertes, ou des canulars, seraient tout aussi efficaces en termes de panique qu'une véritable attaque, pour un coût et un risque encore plus faibles. Car si le consommateur pense qu'un produit a été contaminé, il perdra aussitôt toute confiance dans le produit incriminé. Les bouchers en savent quelque chose, pour la viande, après les excessives campagnes médiatiques sur le manque de traçabilité... Il y a fort à parier que ceux qui auraient recours à une attaque biologique chercheront à la faire passer pour une épidémie naturelle. On en revient à l'épidémie de fièvre aphteuse.

Tout cela est d'autant plus plausible que les Américains eux-mêmes, à trois reprises, ont plus ou moins secrètement mené une guerre bactériologique contre les cultures d'autres pays.

D'abord en Corée, où de 1950 à 1953 des bombes spéciales ont dispersé des insectes, des plantes et des coquillages infectés. Ces bombes se trouvaient dans des avions qui suivaient les bombardiers classiques. Après chaque raid les Nord-Coréens arrivaient sur place pour sauver les blessés et réparer les dommages, et c'est à eux que ces bactéries étaient destinées. Les historiens Stephen Endicott et Edward Hagerman ont fourni des preuves convaincantes de cette première guerre bactériologique secrète [24].

En 1980, le gouvernement américain leva le secret sur des documents prouvant qu'en 1956 des plans avaient été élaborés pour utiliser le moustique responsable de la transmission de la fièvre jaune contre l'Union soviétique. Mais ils ne sont jamais passés à l'action.

---

24. S. Endicott : « Rebel Out of China ». Toronto : University of Toronto Press, 1980. E. Hagerman : « United States and Biological Warfare : Secrets of the Early Cold War and Korea ». Bloomington, Indiana University Press, 1999.

Durant toute la Guerre froide les deux Grands ont ainsi développé des agents conçus pour répandre des maladies dans les cultures, confirme Larry Madden, expert en pathologies végétales et professeur au Centre de recherches agricoles de Wooster, dans l'Ohio. Il se base sur des rapports désormais publics révélant que les chercheurs militaires de Fort Detrick, le centre militaire US de guerre biologique et bactériologique, ont travaillé à partir des années 1950 à développer des spores de champignons toxiques pouvant être dispersées par avion pour détruire les récoltes de blé soviétiques. « Cela ne fut jamais réalisé, ajoute le chercheur avec une pointe d'ironie, car l'URSS était si mauvaise productrice que ses gouvernants ont fait eux-mêmes le travail ! » On sera toutefois impressionné de savoir que lorsqu'ils cessèrent de produire ce type d'armes les États-Unis disposaient de 30 000 tonnes de spores susceptibles de transmettre la rouille du blé, et une tonne de parasites pour le riz d'Asie... De son côté, trois décennies durant, l'Union soviétique développa également de nombreuses armes spécialisées dans la destruction des cultures, comme le révèle Ken Alibek dans son livre, *Biohazard*. Ces agents pouvaient affecter aussi bien le blé, le maïs et le riz.

Les agents de renseignement occidentaux savent que les Irakiens ont également travaillé sur ce type d'armes. Parmi les armes biologiques agricoles mises au point dans les années qui ont suivi la guerre du Golfe, il y a notamment le « charbon du blé », qui réduit le rendement et produit un gaz inflammable pouvant provoquer l'explosion du matériel agricole... Pour Norm Schaad, du « Foreign Disease and Weed Science Unit », rattaché tout à la fois au laboratoire militaire de Fort Detrick et au USDA, le ministère américain de l'Agriculture, il ne fait aucun doute que l'Irak possède des « bombes agrobiologiques [25] ». Au point qu'en 1995 le président Clinton avait donné des consignes de vigilance concernant la possibilité d'introduire des « plantes tueuses » en territoire américain.

**

Mais le cas le plus intéressant est sans doute celui de Cuba, où il semble bien avéré que les services secrets américains aient mené toute une série d'actions de guerre biologique et bactériologique, jusqu'à tout récemment.

C'est le quotidien *Washington Post* qui, en 1979, révéla le premier que la CIA avait bel et bien mis sur pied un programme visant à détruire l'agriculture cubaine en 1961. La célèbre agence américaine d'espionnage et de contre-espionnage utilisa notamment une « rouille » attaquant les cultures, ainsi que des défoliants de canne à sucre. Cette opération – nom de code « Mongoose » – avait pour objectif de venir à bout de la Révolution cubaine. Le plan était double : s'attaquer aux cultures elles-mêmes, et introduire des agents chimiques incapacitants qui, en provoquant des malaises chez les travailleurs de l'industrie sucrière, devaient les invalider temporairement et mettre ainsi en péril la principale exportation de l'île.

Le résultat obtenu ne fut pas à la hauteur des espérances. Dix ans plus tard, nouvelle tentative, pour toucher non plus les cultures mais les élevages. En 1971, des réfugiés cubains travaillant pour la CIA introduisirent alors le virus de la fièvre porcine africaine à Cuba [26]. Six semaines plus tard un demi million de porcs durent être brûlés et enterrés pour tenter d'enrayer l'épidémie. En revanche,

25. *New Scientist*, 11 mai 1996.
26. *Washington Post* du 9 janvier 1977.

quelques années plus tard, une attaque biologique visant les élevages de volaille fut un échec.

Une nouvelle épidémie de fièvre porcine sévira dans l'île en 1979, mais à cette époque ce sont plutôt des cultures qui seront prises pour cible. Des plantations entières de tabac seront ainsi, brusquement, touchées par la « maladie bleue » due au mildiou, et une « rouille » provoquée par des champignons parasites affaiblira par ailleurs la canne à sucre. Le riz et le café, dans une moindre mesure, seront également affaiblis par divers parasites [27].

En 1981 la menace biologique devient plus forte, puisqu'elle vise cette fois des êtres humains. Fidel Castro en personne accusera alors la CIA d'avoir déclenché une épidémie de dengue hémorragique, qui en sept semaines touchera 300 000 personnes et fera 158 victimes. La dengue hémorragique est transmise par un moustique de la famille des stegomyas, le même que celui qui véhicule la fièvre jaune. Des témoignages précis laissent penser que c'est bien la CIA, par l'intermédiaire d'exilés cubains, qui a répandu la dengue hémorragique dans l'île [28]. Eduardo Arocena, un dirigeant du groupe terroriste anti-cubain « Omega 7 », confessa ainsi devant une cour de justice américaine en 1984 – lors d'un procès où il était jugé pour meurtre – qu'il avait participé en 1980 à une opération visant à introduire des microbes pathogènes à Cuba.

Et l'on pourrait croire qu'avec la chute quasi généralisée du communisme dans le monde, ces attaques biologiques et bactériologiques visant à déstabiliser le régime castriste ont cessé. Pas le moins du monde, car une nou-

---

27. « Considérations techniques sur l'agression des USA contre Cuba. » Rapport publié par le journal *Granma* le 1er juillet 1997.

28. Covert action information bulletin (devenu Covert action quarterly) numéros de l'été 1982, et de l'automne 1984.

velle « affaire » a encore défrayé la chronique voilà quelques années. Il est vrai que Cuba est l'un des rares régimes communistes subsistants. Une affaire qui – contrairement aux précédentes – a fait l'objet de deux protestations officielles, en date du 26 décembre 1996 et du 12 février 1997, auprès du ministère américain des Affaires étrangères. Le gouvernement cubain déposait par ailleurs une demande d'enquête officielle auprès des Nations Unies, sur la base d'un rapport remis au secrétaire général de cette organisation internationale le 28 avril de la même année. Une réunion de l'ONU s'est d'ailleurs bien tenue peu après à Genève pour examiner les accusations de La Havane, mais sans résultat... De même qu'est restée sans réponse la demande d'assistance technique et financière pour combattre le parasite.

Voici le détail des faits. Le 21 octobre 1996 peu après 10 heures du matin, alors qu'ils se trouvaient au-dessus de la province de Matanzas, les membres d'équipage du vol régulier CU-170 de la Cubana de Aviacion (une compagnie aérienne cubaine), reliant La Havane à Las Tunas sur un Fokker-27, remarquèrent un avion monomoteur volant sur un axe nord-sud tout en répandant par intermittence une substance gris clair. L'appareil, immatriculé N3093M, était américain, et comme l'indiquait son autorisation de vol déposée auprès de l'Aviation civile de Cuba avait décollé de la base militaire Patrick à Cocoa Beach, située au sud du Cap Canaveral. Immédiatement prévenu de ce comportement suspect le contrôle aérien cubain entra en contact avec l'avion américain pour lui demander s'il rencontrait des problèmes techniques, une fuite de carburant ou d'huile par exemple. Réponse négative. Une investigation ultérieure révéla que ce type d'appareil était souvent utilisé pour des « pulvérisations » par les services américains de lutte anti-drogue. Puis l'affaire s'arrêta là.

Elle refit toutefois surface deux mois plus tard, le 18 décembre, lorsque les premiers signes d'une maladie galopante se manifestèrent – dans cette même province de Matanzas – sur des plantations de pommes de terre. Par la suite, des cultures de maïs, de haricots, et de concombres seront également touchées. Deux mois plus tard le laboratoire central de quarantaine confirma que l'insecte vecteur de cette maladie était le *Thrips palmi*. Originaire d'Asie, il sévissait depuis une dizaine d'années dans certaines îles des Caraïbes, notamment Haïti, la République Dominicaine et la Jamaïque, mais il était totalement inconnu à Cuba jusqu'alors. Il pouvait cependant s'agir d'une contamination naturelle, sauf que c'est la région orientale de l'île, la plus proche de ces pays déjà infestés, qui aurait dû être atteinte en premier. Or c'est justement la seule qui ne l'a pas été ! L'apparition soudaine du parasite à plus de 600 kilomètres de là était donc hautement suspecte. En outre, compte tenu du cycle de reproduction de l'insecte, le début de la contamination a pu être fixé vers l'avant dernière semaine d'octobre 1996, qui est précisément l'époque du survol de l'île par ce mystérieux avion.

Parce qu'il s'agit d'un parasite résistant aux pesticides connus, le *Thrips palmi* est considéré comme un agent biologique idéal, susceptible d'infliger des pertes importantes sur les cultures. Dans un rapport américain [29] cet insecte est d'ailleurs sur la liste des invertébrés qui tombent dans le champ de la Convention sur les armes bactériologiques...

**

29. Publication de la Fédération des scientifiques américains le 29 février 1996.

Ironie du sort – à moins qu'il ne faille y voir également une attaque de nature agroterroriste ? – les producteurs de tabac de Georgie, de Caroline du Nord et du Sud, ont perdu en juillet 2002 un tiers de leur récolte – et par endroits jusqu'à la moitié – en raison d'une maladie apparue brutalement : un virus propagé par de minuscules insectes de l'espèce « thrips »... Attaque si sévère que l'état de catastrophe naturelle a été demandé, et que pour Michael Moore, spécialiste de cette plante à l'université de Géorgie : « C'est un des plus grands désastres qu'on ait connu depuis longtemps dans la production du tabac. »

Un autre cas intéressant, de ce point de vue, s'est produit aux États-Unis même, en Californie : il s'agit de la multiplication anormalement rapide d'une mouche parasite des fruits. En décembre 1989 un groupe d'étude scientifique en avait conclu que quelqu'un faisait l'élevage de l'insecte puis libérait intentionnellement des larves. Tom Bradley, alors maire de Los Angeles, ainsi que divers journaux, ont d'ailleurs reçu des lettres provenant d'un groupe appelé les « Breeders » (éleveurs), affirmant avoir déclenché cette infestation pour protester contre les pratiques agricoles californiennes.

**

Enfin, il faut bien évoquer le Vietnam. Une dizaine d'années durant, de 1961 à 1971, de nombreuses substances furent en effet répandues sur ce pays. La plus connue est le fameux « agent orange », mais il en existait bien d'autres : agents violet, blanc, vert, bleu, etc... La couleur, sans rapport avec la teinte des substances, servait simplement à identifier les bidons à utiliser.

Dès 1965, la pulvérisation fut donc généralisée aux forêts, aux abords des rivières et aux champs. Les objectifs de cette opération étaient de découvrir les bases ennemies en défoliant, mais aussi de détruire les cultures qui servaient au ravitaillement des forces vietnamiennes.

Il faut savoir que les produits utilisés ne sont pas nés de développements militaires mais civils. C'est dans les années 1940 que l'industrie chimique découvrit de nouvelles générations d'herbicides, si efficaces qu'ils sont à l'origine de la « révolution verte » des années 1950 et 60. Le succès de ces produits de synthèse fut tel que même les jardiniers du dimanche les utiliseront pour désherber leur pelouse. Leur efficacité suscita immédiatement l'intérêt de l'armée américaine.

L'usage de ces désherbants au Vietnam entraîna un véritable désastre écologique : trois millions d'hectares de forêts brûlés, et 20 % des surfaces naturelles du pays mises à nu. Ces déboisements ont également entraîné la disparition d'animaux sauvages, tandis que les racines d'arbres qui absorbaient l'eau, une fois disparues, ont aggravé tout à la fois les inondations dans les plaines pendant la saison des pluies, et la sécheresse pendant la saison sèche. Les Américains ont également répandu des semences d'herbes folles qui poussent comme du chiendent, connues sous le nom d'« herbes éléphant », et empêchent tout autre plante de pousser. Elles sont tellement envahissantes qu'il faut tout arracher avant de pouvoir cultiver quoi que ce soit. Même cela, c'est de la guerre biologique...

À ce sombre tableau – mais toutes les guerres n'entraînent-elles pas des désastres écologiques ou sanitaires ? – on peut ajouter les problèmes de qualité de l'eau en Irak depuis la fin de la guerre du Golfe. Certains accusent en effet les États-Unis d'avoir causé la mort de plus d'un million et demi d'enfants en dix ans, en maintenant l'embargo sur des produits chimiques utilisés pour la purification de l'eau. Or la production de produits pharmaceutiques – donc d'armes chimiques ou biologiques par voie de conséquence – exige de disposer d'une eau extrêmement pure, libre de toute contamination. Le résultat est une multiplication parmi la population des cas de dysenterie, fièvre typhoïde, hépatite A, rougeole, diphtérie, méningite et choléra...

**

Aujourd'hui – pour la bonne cause – les États-Unis et quelques pays européens, avec la caution de l'ONU, ont décidé de lutter contre les trafics de drogue en introduisant chez les pays exportateurs d'opium une maladie parasitaire du pavot. L'arme en question – du nom de *Pleospora papaveracea* – est un champignon développé dans le cadre d'une recherche conjointe entre les experts américains chargés de la lutte anti-drogue et une trentaine de chercheurs russes. Ironie du destin, ces derniers sont, pour la plupart, issus des programmes d'essais bactériologiques soviétiques, et se trouvaient donc chargés il n'y a pas encore si longtemps de développer des produits pathogènes pour détruire les cultures américaines !

En fait, le *Pleospora papaveracea* est un cadeau de la nature, car il posait déjà problème aux producteurs de pavot, sans pour autant endommager sévèrement leurs récoltes. La grande nouveauté est que les chercheurs en ont créé une version transgénique – un OGM que personne ne devrait critiquer – beaucoup plus redoutable.

Le laboratoire qui, sous financement des Nations Unies (un demi million de dollars), développe ce champignon qui asphyxie la plante en recouvrant feuilles et tiges d'un fin duvet grisâtre, a été installé à Dourmen, à quinze kilomètres de Tachkent, capitale de l'Ouzbékistan. Le produit, étudié depuis avril 1998, devait être utilisable en 2001, et anéantir toutes les cultures de pavot en trois ans. Mais pour des raisons non expliquées officiellement, sa mise en œuvre a été reportée, et on ne sait plus trop maintenant quand il sera utilisé. D'aucuns ne manquent d'ailleurs pas de souligner les conséquences perverses de ce projet a priori utile : car si la « blanche » devient soudainement rare, son prix flambera et les toxicomanes en manque seront si nombreux que cela risque d'entraîner une forte recrudescence de la criminalité !

Chapitre 10

La bombe atomique du pauvre

Une simple mallette « oubliée » dans une voiture de métro, dans un train, ou dans un hall d'aéroport : c'est le cauchemar de tous les services de sécurité. Nous sommes loin des risques d'holocauste nucléaire, dont l'évocation fut permanente pendant les quatre décennies de la « Guerre froide ». Car l'équilibre des grandes puissances, tel qu'il s'était établi depuis la fin de la Seconde Guerre mondiale, est aujourd'hui totalement remis en question.

La crainte nouvelle qui a émergé est celle de nations – et plus probablement de groupes terroristes plus ou moins identifiés – utilisant des agents biologiques tels que bactéries, virus, et autres toxines pour toucher de vastes secteurs de la population civile. Car les armes biochimiques ou bactériologiques, d'un coût de fabrication relativement bas et d'une technologie facile à acquérir, apportent une capacité de destruction massive comparable à celle d'une bombe à neutrons, qui anéantit les vivants en laissant les infrastructures intactes. Invisibles et silencieuses, faciles à transporter, et quasiment impossibles à détecter, les armes biologiques sont des armes furtives au plein sens du terme.

Plus d'une dizaine de pays – dont nous donnons la liste plus loin – sont désormais en possession d'armes biologiques ou bactériologiques susceptibles de menacer des populations entières, ou de détruire des stocks alimentaires et de vastes étendues de cultures. Le plus inquiétant est en réalité que même des terroristes disposant de ressources limitées sont en mesure de fabriquer des armes biologiques, à bon compte et sans grands moyens techniques. Les recettes pour fabriquer des armes de ce type se trouvent en effet sur Internet, si bien que même des groupes relativement peu compétents en biologie peuvent tenter l'expérience. Si produire un agent biologique ou bactériologique est chose a priori assez facile, le disperser correctement est en revanche plus difficile. Les techniques de diffusion optimales permettant de toucher un maximum de personnes sont uniquement maîtrisée – pour l'instant du moins – par les militaires. Ce qui explique par exemple que la secte Aum ait échoué dans ses neuf tentatives d'attaques bactériologiques, et seulement réussi dans son attaque chimique, plus simple à mettre en œuvre.

Ce qui rend les armes biologiques et bactériologiques redoutables, c'est qu'on ne sait pas à l'avance sous quelle forme elles seront utilisées. Ce peut être une épidémie virale, une intoxication alimentaire, un empoisonnement des réserves d'eau, l'introduction de plants malades ou le déclenchement d'une épidémie animale. Psychologiquement elle peut ainsi semer la terreur car on ne sait pas où, ni quand, ces attaques invisibles s'arrêteront.

Le délai d'action étant dans tous les cas d'au moins quelques jours, les armes bactériologiques sont mal adaptées à un emploi militaire tactique. Leur effet est trop lent et trop imprévisible pour des attaques surprises ou des contre-attaques sur un champ de bataille. Elles pourraient seulement être utilisées dans les guerres d'usure. Ces armes conviennent en revanche parfaitement pour une utilisation terroriste, où ce temps de latence constitue en revanche un avantage.

Si l'on compare les trois armes de destruction massive traditionnelles, les fameuses « NBC » (nucléaire, bactériologique, chimique), on découvre que l'arme biologique peut frapper une surface mille fois plus vaste que celle touchée par une arme chimique, et cent fois plus que la zone dévastée par un engin thermonucléaire. Cette surface pourrait être encore multipliée par dix avec le bacille du charbon. Alors qu'avec les gaz les plus toxiques la dose mortelle se chiffre en milligrammes, elle est de l'ordre du picogramme (un milliard de fois moins) avec un agent biologique. D'où une efficacité très supérieure à charge égale.

Autres avantages – toujours dans l'hypothèse d'une utilisation terroriste – leur faible coût et leur relative facilité de production. Le fait aussi qu'elles puissent être modulées dans leurs effets, avec tous les degrés possibles entre une simple indisposition et la mort. Enfin, les armes biologiques ou bactériologiques sont silencieuses, et d'une grande « discrétion » : elles ne font pas de bruit, et n'éveillent pas l'attention. La victime peut mourir avant même d'être consciente de l'attaque. À l'inverse, on peut choisir des toxines spectaculaires destinées à terroriser les survivants : il suffirait d'en pulvériser sur une ville, ou d'en introduire dans le système de climatisation d'un immeuble, pour entraîner une gigantesque panique et une désorganisation totale. Tout cela explique pourquoi ce type d'arme représente une menace crédible. Elles sont aussi efficaces qu'une bombe nucléaire pour un coût bien moins élevé et une mise en œuvre plus facile. C'est aussi pour ces raisons que l'arme biologique et bactériologique est parfois appelée la « bombe atomique du pauvre ».

Il existe cependant quelques inconvénients, qui tiennent surtout à la difficulté de maîtriser ses effets. Ces armes sont en effet imprécises, la propagation d'une épidémie n'étant ni prévisible ni planifiable. On ne sait déjà pas comment se développera une épidémie naturelle de grippe, et l'on comprend bien qu'une épidémie déclenchée volontairement peut parfaitement se retourner contre ceux qui l'auront lancée. Du coup, l'utilisateur peut devenir la première victime de son arme.

En outre, de nombreux micro-organismes sont susceptibles de se transformer spontanément en une forme mutante encore plus virulente capable de vaincre la protection par vaccination de l'assaillant lui-même, qui alors ne pourrait plus progresser sans risque en territoire infecté. Mais il faut bien voir que cela ne joue pas pour des terroristes qui s'exposent volontairement, dans le cas de kamikazes.

De tous les avantages que comporte une attaque biologique pour des terroristes, le plus important est sans doute son caractère anonyme. S'il n'y a pas de revendication, comment savoir qu'il s'agit d'un acte criminel ? Et le doute est pire que tout. Contre qui lutter, en effet ? Et que faire pour que cela ne se reproduise pas, si l'on n'est pas certain qu'il s'agisse d'une action criminelle ?

Un scénario a été imaginé par Kyle Olson, de l'Institut pour le contrôle des armes chimiques et biologiques. Il s'agit d'un véhicule contenant une bouteille d'anthrax ouverte dans son coffre. Il suffirait qu'il sillonne une ville en tous sens pendant quelques heures pour en répandre le contenu en une traînée imperceptible, qui entraînerait quelques jours plus tard la mort de dizaines de milliers de personnes, en toute impunité. Ces armes discrètes peuvent également franchir sans difficulté les contrôles de sécurité des aéroports en raison de leur taille, car il n'est besoin que d'une très faible quantité, dissimulable dans une recharge de stylo ou un flacon de parfum. C'est ce qu'a voulu montrer par exemple le romancier irlandais Gordon Thomas dans un récit de fiction intitulé *Parfum mortel* [30].

**

Nous avons rencontré l'auteur, qui a étudié le problème du bioterrorisme, et obtenu des informations de première main sur le sujet. Dans le petit village de Delgaly, la grande maison de brique rouge de l'écrivain se fond parmi une dizaine d'autres dans cette résidence de standing à une demi-heure de la capitale irlandaise. C'est dans ce cadre bucolique, entre mer et campagne, que Gordon Thomas écrit des romans basés sur des faits réels. Cet ex-journaliste d'investigation nous explique que la Guerre froide, finalement, n'était pas une mauvaise chose. Car tout s'est effondré depuis, entraînant une diversification des menaces. Le danger est partout et l'ennemi n'est plus unique. « Pour les terroristes aussi, souligne-t-il, l'arme biologique est parfaite. Car on n'a pas besoin de missiles pour l'expédier à grande distance. Le système d'air conditionné d'un grand immeuble peut faire l'affaire. » Et de rappeler cette expérience – clandestine – de la CIA dans le métro de New York dans les

30. Gordon Thomas, *Deadly perfume*, Chapmans, 1991 ; traduit en français sous le titre *Parfum de mort*, Ramsay, 1996.

années 1960. C'est d'ailleurs cette expérience qui a inspiré son roman *Parfum mortel.*

Son équation est simple : « Vous tuez une seule personne, dans des conditions imprévisibles faites pour frapper l'opinion, et vous en terrorisez des millions d'autres. C'est là une nouvelle forme de terrorisme, moins brutale que l'explosion d'un avion ou d'un immeuble, mais tout aussi efficace. »

**

Alors que les États puissants maintiennent leur parapluie nucléaire, les états faibles ne disposent, eux, d'aucun moyen de dissuasion. À la fin de la Guerre froide, la décision américaine de soumettre les pays soupçonnés de détenir des armes chimiques ou biologiques – ceux qu'il est désormais convenu d'appeler les « états voyous » – à des sanctions économiques sévères accentue cette asymétrie.

L'arme bactériologique a un rapport coût / efficacité bien supérieur à celui des armes conventionnelles, et c'est pourquoi elle est devenue une arme privilégiée dans une logique de relation « du faible au fort ». Le principe de non-utilisation puis celui de non-prolifération qui prévalut pendant la Guerre froide, sont parfaitement adaptés au bras de fer qui peut opposer deux puissances de niveau quasiment égal, comme ce fut le cas pendant un demi siècle entre les États-Unis et l'Union soviétique. D'une façon générale ce raisonnement est valable pour tous les pays occidentaux, qui ne recherchent pas la destruction mutuelle.

Les conflits « asymétriques », qui sans nul doute se multiplieront au XXIe siècle, constituent une approche radicalement différente, que l'Occident a du mal à intégrer. Le principe consiste à éviter la confrontation directe, compte tenu de l'énorme différence de niveau militaire, et à frapper l'adversaire chez lui, là où il est le plus vulnérable.

C'est là que les armes biologiques ou bactériologiques prennent toute leur importance, car nous sommes alors dans une logique d'agression et non plus de dissuasion. Laquelle est d'autant plus efficace – et c'est un fait totalement nouveau – que l'initiateur de cette agression ne se révèle pas officiellement. Il n'y a pas de déclaration de guerre, et, qui plus est, cet ennemi invisible n'est pas forcément superposable à un État...

Voilà pourquoi l'agression bactériologique risque de faire désormais partie de notre quotidien dans les années qui viennent. Elle était une abstraction, voilà qu'il faut la voir en termes de probabilité.

**

Parmi les armes de destruction massive, les agents bactériologiques sont, nous l'avons vu, plus faciles et moins onéreux à produire que les matières nucléaires ou même que les agents destinés aux armes chimiques. La technologie et le savoir-faire nécessaires sont en outre facilement accessibles, d'autant qu'il est difficile d'interdire à un pays du Tiers-Monde de fabriquer sur son propre territoire des insecticides qu'il achète à grands frais aux pays occidentaux, ou de se procurer des souches censées servir à vacciner sa population.

Si bien que non seulement des groupes terroristes peuvent y avoir accès, mais également tout pays disposant d'une industrie pharmaceutique. Ainsi, bien que les armes bactériologiques aient été encore peu utilisées jusque-là, de nombreux pays du Tiers-Monde en possèdent ou sont en train d'en mettre au point. Et ce ne sont pas les diverses conventions internationales, du Protocole de Genève de

1925 à la Convention de Paris en 1992, qui ont freiné la prolifération des armes biologiques et bactériologiques.

Le 19 novembre 2001, dans la foulée des actions menées en Afghanistan, les États-Unis accusèrent l'Irak et la Corée du Nord d'avoir développé des programmes d'armes biologiques constituant des menaces pour la sécurité internationale, et exprimé des « préoccupations » à l'égard de l'Iran, de la Libye, de la Syrie et du Soudan, qui tous mènent également des programmes d'armes biologiques. Prenant la parole à l'ouverture des travaux de la cinquième conférence de révision de la Convention sur les armes biologiques, le sous-secrétaire d'État américain pour le contrôle des armements et la sécurité internationale, John Bolton, a estimé qu'au-delà d'Al-Qaida la plus sérieuse menace restait l'Irak. Selon M. Bolton, l'existence d'installations pour la mise au point d'armes biologiques dans ce pays ne fait aucun doute. Bagdad aurait profité des trois années écoulées depuis le départ forcé des inspecteurs de l'UNSCOM – la commission de contrôle spécialisée des Nations Unies – pour accélérer les recherches et la fabrication de ces armes.

Le programme d'armes biologiques de la Corée du Nord est aussi également préoccupant. Un rapport du gouvernement sud-coréen publié en février 1994, révélait déjà que son voisin dispose de huit usines produisant des armes chimiques, et de trois laboratoires spécialisés dans la guerre bactériologique. Pyongyang aurait déjà stocké un millier de tonnes d'armes biochimiques.

Le problème, avec les armes biologiques, c'est qu'elles sont indétectables. Alors qu'un satellite espion peut localiser un silo de missile ou une base aérienne secrète, il est incapable de voir ce qui se passe dans un laboratoire de biologie. De même, alors que le moindre essai nucléaire est immédiatement détecté par les rayonnements gamma émis par l'explosion, l'expérimentation d'une arme biologique passe totalement inaperçue.

Contrôler les sites de production dans le monde est donc un casse-tête, car tout pays possèdant une industrie pharmaceutique ou agrochimique peut produire impunément des agents bactériologiques ou biologiques. La chaîne d'opérations conduisant à la fabrication de vaccins ou de pesticides est la même que celle qui conduit à la fabrication de germes pathogènes. La frontière entre les deux est impossible à définir, sinon quantitativement.

Pour transformer un insecticide ou un herbicide en produit mortel il suffit de modifier légèrement sa structure chimique, et ce type de manipulation est à la portée du premier chimiste venu. Par ailleurs, l'on peut très bien travailler sur des « précurseurs » chimiques totalement inoffensifs, qui une fois mélangés formeront un produit extrêmement toxique. Ce sont là des armes dites « binaires », dont le principe consiste à utiliser deux substances séparément inoffensives, placées ensemble dans un « vecteur » (obus ou fusée). Le choc résultant du tir de la munition brise la membrane séparant les deux substances, qui se mélangent alors pour former un produit chimique devenu soudain extrêmement toxique. C'est pourquoi la détection de ces produits est très difficile.

Quant aux obstacles à surmonter pour se procurer une « culture » de bactéries, elles sont minimes comparées aux problèmes posés par l'approvisionnement en matières fissiles. En 1989, Iris Shannon, présidente de l'American Public Health Association, estima ainsi qu'il est « très facile » de se fabriquer une arme biologique, car la plupart des organismes utilisés peuvent être produits en grande quantité dans un fermenteur comme ceux que l'on trouve dans les brasseries ! Quant aux milieux de culture, ils s'achètent librement en sacs. Les connaissances nécessaires ne sont pas non plus un handicap, car elles sont du niveau d'une seconde année de médecine.

La fabrication du vaccin contre l'anthrax, par exemple, est parfaitement légale, et constitue donc un bon prétexte pour posséder de grandes quantités de bactéries liées à cette maladie. C'est là une excellente « couverture » pour la production d'armes bactériologiques, et une petite quantité d'agents pathogènes qui n'aurait pas éveillé les soupçons d'un inspecteur international pourra devenir, après deux semaines de fermentation, une arme de destruction massive...

Le nombre de pays possesseurs d'armes biologiques était de quatre dans les années 1960 (États-Unis, URSS, Grande-Bretagne, France) ; il est passé à onze dans les années 1990 et il y en aurait vingt quatre aujourd'hui, dont cinq ou six reconnus comme étant des « sponsors » du terrorisme international. Les pays censés disposer d'armes biologiques offensives non déclarées sont, au Proche-Orient, l'Irak, l'Iran, Israël, la Libye, et la Syrie ; en Extrême-Orient ce sont la Chine, la Corée du Nord et Taïwan. À ces huit pays, qui figuraient déjà sur la liste dressée en 1993 par le US Congressional Office of Technology Assessment, s'en ajoutent douze autres qui sont seulement « soupçonnés » : l'Égypte, l'Éthiopie et le Soudan en Afrique, l'Inde, le Vietnam, le Laos, la Birmanie et la Thaïlande en Asie, la Bulgarie et la Roumanie en Europe, sans oublier Cuba et la République Sud-africaine.

Or il est difficile de prouver qu'un pays fabrique des armes chimiques, biologiques ou bactériologiques. La plupart des substances qui entrent dans leur composition se trouvent en effet facilement dans le commerce légal, sous forme d'engrais, d'insecticides ou de préparations pharmaceutiques. Dans une usine chimique, on ne fait que mélanger entre eux des éléments de base déjà existants. Ce qui change, c'est la séquence d'assemblage, dans les cuves des réacteurs chimiques ou les colonnes de distillation. Réorganiser les circuits pour une production différente est facile, et dissimuler la destination d'une usine l'est donc tout autant.

**

Deux cas sont intéressants à cet égard, ceux de l'Irak et de la Libye.

Avec la complicité de firmes occidentales, notamment allemandes, la Libye a en effet construit, en 1984, dans le désert près de Rabta, à une quarantaine de kilomètres au sud-ouest de Tripoli, un gigantesque complexe baptisé « Pharma-150 ». Pour celui-ci, de 1988 à 1990, furent importées de très grandes quantités (jusqu'à 22 tonnes !) d'une substance de croissance pour bactéries. Pour croître et se multiplier les bactéries ont en effet besoin d'une substance renfermant une petite quantité de microbes. C'est le même principe qui est utilisé commercialement pour la production de yaourt, de bière, de vin, mais aussi d'antibiotiques et de vaccins.

L'usine – à en croire les services secrets allemands enquêtant auprès des entreprises nationales impliquées dans cette affaire – pouvait produire deux types d'armes chimiques, à base d'ypérite et de sarin, au rythme de 40 tonnes par mois. Les Américains, à partir de photos prises par leurs satellites espions, confirmèrent la présence à Rabta d'une usine d'armement chimique, qui par sa taille était qualifiée de « plus grande usine existante dans le Tiers-Monde » ! Surtout, se trouvait tout à côté une usine métallurgique, manifestement destinée à produire les ogives que les produits sortis de la première devaient remplir.

Pour couper court aux accusations des pays occidentaux, les autorités lybiennes convièrent en 1989 un groupe de deux cents représentants de la presse internationale et quelques diplomates à Tripoli, pour qu'ils puissent vérifier par eux-mêmes que l'usine de Rabta fabriquait seulement des médicaments. Mais les journalistes repartiront finalement sans pouvoir la visiter, contrairement à ce qui leur avait été promis. Ils purent seulement voir de l'extérieur et de nuit, un grand bâtiment gris encadré de deux bâtisses blanches plus basses. Ils constatèrent aussi que Pharma-50 était sans doute l'usine pharmaceutique la mieux gardée au monde... Ce que les clichés des satellites avaient déjà montré, puisqu'elle était entourée d'une batterie de missiles anti-aériens. Pourquoi donc une telle protection ? Ces missiles étaient là avant la construction de l'usine, rétorquent les autorités libyennes. Mais alors pour défendre quoi, en plein désert ?

Toujours est-il que la production débuta l'année suivante, et que le président Ronald Reagan menaça de recourir à la force pour détruire l'installation. C'est alors, en mars 1990, qu'un mystérieux incendie détruisit l'installation. La Libye accusa les Américains de sabotage, lesquels découvrirent sur les photos de leurs satellites qu'il s'agissait d'un faux incendie. Les feux de bengale allumés pour la circonstance, et les marques de peinture noire censées faire croire à un bâtiment incendié, n'avaient pas échappé à l'acuité des espions en orbite. Par ce stratagème la Libye espérait détourner l'attention d'une autre construction alors en cours dans les montagnes de Tarhuna, cette fois à 60 km au sud-est de Tripoli. Ce site, que les Libyens appellent « Pharma-300 », mais que les services de renseignement américain ont baptisé Rabta II tant la nouvelle installation est la copie conforme de la première, a cette fois été construit sous terre, à l'abri d'éventuelles bombes américaines. Elle est opérationnelle depuis 1998.

On sait aussi qu'en 1995 les services du colonel Kadhafi ont tenté de recruter des scientifiques spécialisés en Afrique du Sud, avant de mener un programme conjoint avec la Roumanie. D'après le rapport public de la CIA publié cette année-là, un certain nombre d'universités libyennes servait par ailleurs à la recherche fondamentale liée aux agents bactériologiques. Puis, en janvier 1998, des sources de renseignements occidentales citées dans la presse britannique signalent qu'une douzaine de scientifiques irakiens spécialisés dans les armes biologiques ont été transférés en Libye. Une grande vigilance reste donc de mise concernant ce pays.

**

Dans le cas de l'Irak, dont le programme d'armes chimiques et biologiques est autrement plus ambitieux, les accusations sont beaucoup plus précises. Les deux principaux centres de guerre biologique et bactériologique irakiens sont situés à Al-Hakam, 70 kilomètres au sud de Bagdad, et à Salman Park, également près de Bagdad. Le premier, qui couvre 1800 hectares, est soupçonné de fabriquer des armes bactériologiques sous le couvert de produits agroalimentaires. Dans le second, plusieurs dizaines de microbiologistes travaillent sur des maladies comme la typhoïde, le choléra, et l'encéphalite.

Pour les armes chimiques, le principal site de production se situe près de Samarra, 80 kilomètres au nord-ouest de Bagdad. D'autres installations, presque toutes situées à proximité de la capitale, fabriquent des armes à base d'arsenic et de cyanure. Les inspecteurs internationaux ont recensé au total 83 centres de recherches biologiques en Irak... Dès 1983, l'Irak acheta en occident de grandes quantités (500 tonnes!) de produits de base pour ces usines, livrées à Samarra par l'intermédiaire d'une firme néerlandaise, à destination d'une usine de pesticides. Cette usine produisait également de l'acide cyanhydrique (plus connu sous le nom de zyklon B) qui fut autrefois utilisé dans les chambres à gaz nazies.

Puis vint la guerre du golfe. Avant le conflit, les forces alliées ignoraient l'ampleur exacte de l'arsenal de Bagdad, mais on a su depuis que l'Irak disposait de 166 bombes et 25 ogives de missiles « Al-Hussein », chargées d'agents biologiques prêts à être déversés sur Israël, l'Arabie Saoudite et les troupes américaines. Pour les bombes, 100 étaient chargées avec le bacille de la toxine botulique, 50 avec la bactérie de l'anthrax, et 16 avec de l'aflatoxine, un agent cancérogène. Pour les missiles, il y avait 10 ogives chargées avec de l'anthrax, et 15 avec du botulinum. Le gouvernement irakien a finalement admis avoir produit 19 000 litres de toxine botulinique, 8 500 litres de bacille du charbon et 2 400 litres d'aflatoxine (un agent cancérigène). À cela s'ajoutaient, selon l'enquête menée par l'Unscom, 50 tonnes d'ypérite, 75 tonnes de sarin, 200 tonnes de « VX » et 17 tonnes d'anthrax, chargés dans des ogives de missiles Scud ou dans des bombes destinées à être larguées d'avion.

La menace chimico-biologique irakienne était donc sérieuse, et si elle ne se concrétisa pas c'est sans doute par peur de terribles représailles. Lors d'un entretien avec Tarek Aziz, alors ministre des Affaires étrangères de l'Irak, le secrétaire d'État américain de l'époque, James Baker, aurait menacé de recourir à des « moyens drastiques » en cas d'utilisation des armes biologiques. Les Irakiens ont pris cela comme une menace de riposte nucléaire.

Pour la Commission spéciale des Nations Unies, l'Irak possède toujours entre six et seize missiles munis d'ogives capables de livrer des agents bactériologiques. Si les installations où l'Irak stockait des armes biologiques ont été endommagées pendant la guerre du Golfe, certaines pièces essentielles ont néanmoins pu être cachées, et comme ce programme n'exige pas une infrastructure importante, la production d'agents peut reprendre en quelques semaines, notamment dans des usines qui fabriquent des vaccins.

Sur le stock de substances acquises par l'Irak avant la guerre du Golfe, une partie fut retrouvée par les experts de l'Unscom, mais le reste (17 tonnes !) a disparu... Devant servir à la culture de germes, ces produits étaient officiellement destinés aux hôpitaux, mais le ministère allemand des Affaires étrangères fit savoir le 21 mars 1995 qu'il soupçonnait l'Irak de fabriquer des armes biologiques à partir de vaccins ainsi préparés.

**

Sur le terrain, au début de l'Opération « Tempête du désert », les armées de la coalition s'attendaient donc à une attaque chimique, qui n'a pas eu lieu. Et pourtant quelque 40 000 anciens combattants américains de l'opération « Tempête du désert » – mais aussi 500 Britanniques et quelques Français engagés – ont à leur retour souffert d'un mal étrange qui s'est traduit par des symptômes fort divers : violentes migraines, nausées, sueurs froides, troubles du sommeil, pertes de mémoire, brûlures, éruptions cutanées, fatigue musculaire, désordres intestinaux, chutes de cheveux, et même infection des parties génitales. On note même un nombre anormalement élevé de naissances d'enfants handicapés chez des parents ayant servi pendant cette guerre. Les anomalies congénitales relevées chez les enfants nés après le conflit vont d'affections sanguines ou respiratoires à des malformations des doigts ou des pieds. Pour le seul contingent du Mississipi, 36 enfants sur 54 (soit deux sur trois), nés d'un père ayant servi dans le Golfe, ont aujourd'hui un problème de santé. On enregistre également un nombre anormalement élevé de fausses couches parmi les épouses des anciens combattants. Or, ce ne sont pas les virus irakiens qui les ont infectées ! Faute de mieux, on a désigné ces troubles sous le nom générique de « syndrôme de la guerre du Golfe ».

Les premiers cas ont été identifiés durant l'été 1991, quatre mois après la fin de la guerre, et pendant de longs mois les services de santé des armées américaine et britannique ont nié le phénomène, ou l'ont mis sur le compte de désordres psychologiques ! Les victimes ont cependant fini par obtenir qu'une commission indépendante soit chargée d'enquêter. Le Pentagone autorisa une première enquête mais sa conclusion, en avril 1992, ne désignait qu'une cause ordinaire : le stress...

Les rumeurs ont alors commencé à circuler concernant un mauvais usage des traitements préventifs. Pour l'opération « Tempête du désert », en plus de la prescription de pilules contre la malaria, presque tous les GI's ont reçu trois injections de « bromure de pyridostigmine », qui augmente la résistance à certains gaz neurotoxiques comme le soman, un autre vaccin expérimental, qui fut administré aux soldats sans leur consentement. Ce produit est un antidote contre le soman, un gaz neurotoxique. Si on suspectait l'Irak de posséder du sarin on n'avait en revanche aucune preuve pour le soman, mais on considéra cependant qu'il valait mieux prévenir, et ce fut sans doute une erreur. Les chercheurs du département de la Défense avaient en effet mis en garde : la pyridostigmine ne doit être administrée qu'en présence réelle de soman... Quelques 150 000 soldats ont par ailleurs été vaccinés contre le botulisme et l'anthrax. Préventif en cas d'attaque biologique, ce dernier protège des contacts cutanés avec le bacille, mais n'a pas été testé en cas d'inhalation. Le second était encore expérimental en 1990, et ne fut distribué qu'après le 23 janvier 1991.

Il est donc quasiment certain que le ministère américain de la Défense a administré à ses militaires des vaccins qui étaient encore en période d'expérimentation. Pour Robert Garry, virologiste à l'école de médecine de l'université Tulane de la Nouvelle Orléans, une substance graisseuse extraite du requin pourrait expliquer le syndrôme. La substance en question, le « squalène », serait parmi les ingrédients des vaccins expérimentaux reçus par les soldats. L'analyse du sang des victimes révèle des traces d'anticorps à ce produit, ce qui n'est jamais le cas chez les soldats non atteints. Pour prouver le bien-fondé de sa théorie Bob Garry a testé sur deux volontaires un vaccin expérimental contre l'herpès, contenant cette même substance. Tous les deux ont immédiatement développé les mêmes anticorps et les mêmes symptômes que les victimes du syndrôme du Golfe. Or toutes ces victimes ont un point commun : elles ont reçu précipitamment toute une série de vaccins contre l'anthrax, la peste, et les effets du sarin ou du soman, sans que le délai entre chaque injection (par exemple six injections contre l'anthrax en moins d'un mois) ait été respecté. En outre, elles ont absorbé en masse des pilules de pyridostigmine – un antidote aux gaz neurotoxiques – qui n'avait pas encore été testé à grande échelle. Par ailleurs, les tentes et les vêtements furent en permanence aspergés d'un puissant insecticide par crainte de la leishmaniose.

L'embarras des autorités militaires américaines s'explique quand on sait que la pyridostigmine n'a par ailleurs pas reçu d'autorisation sanitaire. Et si la preuve formelle de son implication était apportée, il s'agirait d'une violation de la Convention internationale de Nuremberg, selon laquelle « le personnel militaire ne doit pas être l'objet d'expérimentations ». Étonnant aussi le fait que la commission d'enquête n'ait pas retrouvé la moindre dose du vaccin administré en 1991 : les lots avaient été soit entièrement utilisés, soit détruits... Ces fameux vaccins expérimentaux sont donc bien les premiers suspects.

Mais d'autres sources n'excluent toujours pas la non-réalité du syndrôme du Golfe. Ainsi, une enquête médicale menée par le Dr. Han Kang, compare le taux de décès parmi 695 000 anciens combattants du Golfe et 746 000 soldats américains de réserve. Le résultat de cette vaste étude rétrospective est que l'on compte pratiquement autant de décès (1765) parmi les vétérans que dans le groupe témoin (1729). Après de savants ajustements statistiques il apparaît que le taux de décès est toutefois de 10 % supérieur chez ceux qui étaient en Irak, mais que pour l'essentiel ce surcroît s'explique par des causes accidentelles. Comme si, à leur retour, ils avaient une perception du risque différente, et s'engageaient plus facilement dans des situations dangereuses. À moins qu'ils ne soient devenus plus stressés, donc plus à même d'être victimes d'accidents.

Une seconde étude s'est penchée sur la fréquence des

hospitalisations dans les deux années qui ont suivi le conflit : elle ne met en évidence aucune différence quantitative dans le nombre d'admissions ou dans la durée des séjours hospitaliers. Les vétérans ont cependant été plus souvent admis que les autres pour des tumeurs (généralement bénignes, pouvant s'expliquer par des hospitalisations différées), des problèmes génito-urinaires, des anémies et des troubles mentaux. Une discrète augmentation de cas de cancer des testicules pour la seule année 1991 reste toutefois inexpliquée.

Le fameux syndrôme du Golfe, on le voit, ne se laisse pas facilement cerner.

**

En dépit de tout ce que l'on vient de lire, l'éventualité d'une attaque bactériologique d'origine bioterroriste en territoire américain est cependant bien plus probable qu'une attaque chimique venant d'un de ces « pays-voyous ». Tout simplement parce que ces derniers s'exposeraient à de sévères représailles, tandis que les premiers, difficiles à identifier et à localiser, peuvent agir impunément. Pour Barbara Rosenberg, présidente du groupe de travail « armes bactériologiques » de l'association des scientifiques américains, les terroristes ne peuvent cependant mener avec succès une attaque biologique ou bactériologique à grande échelle qu'avec des connaissances pointues, du temps et des ressources physiques, que seul un État peut fournir. Pour elle, il faut donc avant tout faire barrage au bioterrorisme soutenu par ces « états-voyous ».

« La communauté internationale prend aujourd'hui très au sérieux la prolifération des armes biologiques », expliquait pour sa part en 2001 le délégué général à l'Armement, Jean-Yves Helmer, lors des derniers Entretiens annuels « Science et défense » à l'École Polytechnique de Palaiseau, dont un des thèmes était justement la maîtrise des risques biologiques.

Quelles maladies seraient susceptibles d'être propagées ? Pour répondre à cette question il nous faut malheureusement ouvrir le catalogue de l'horreur. Selon les spécialistes, entre 31 et 44 agents biologiques peuvent être utilisés en tant qu'armes, une bonne dizaine d'entre eux étant susceptibles de provoquer des épidémies qualifiées de « catastrophiques ». Le chercheur américain Donald Henderson, spécialiste mondial du sujet, professeur en médecine et santé publique à l'université John Hopkins, actuellement directeur du « Center for Civilian Biodefense Studies » à Baltimore, fait remarquer que les agents plus dangereux ne sont pas forcément ceux que l'on croit. On évoque fréquemment l'utilisation de virus, mais ils sont, ou trop fragiles pour survivre en milieu extérieur (c'est le cas pour Ebola ou Lhassa par exemple), ou bien nécessitent d'être transportés par un vecteur particulier comme les moustiques (pour la dengue et la fièvre jaune notamment).

Les virus, rappelons-le, ne peuvent pas survivre isolément. Ils ne sont pas à proprement parler des êtres vivants, mais seulement un « paquet » de molécules formant des instructions génétiques, qui doivent envahir des cellules vivantes pour s'auto-répliquer et envahir éventuellement de nouveaux hôtes. Si l'on se contente de garder un virus dans un tube à essai, il perdra progressivement de sa virulence. Il faut le réinjecter régulièrement dans des cellules animales pour lui conserver cette virulence.

Plus « intéressantes », comme armes bactériologiques, sont les bactéries responsables de la fièvre typhoïde (*sal-*

monella typhi), du choléra (*vibrio cholerae*) et surtout de la peste (*yersinia pestis*). Il n'y a pour elles aucun problème d'approvisionnement car elles existent à l'état naturel et sévissent encore actuellement. La plus dangereuse pourrait être la peste car il existe des souches résistantes à certains antibiotiques (à Madagascar notamment) ; la peste pulmonaire (mortelle en trois jours dans 100 % des cas) se transmet comme la grippe. Les fièvres hémorragiques virales africaines, connues depuis moins longtemps, sont elles aussi très contagieuses. Elles provoquent, comme leur nom l'indique, des fièvres très fortes et des hémorragies internes, avec un taux de mortalité supérieur à 75 %. Citons encore la fièvre du Rift (actuellement limitée à l'Afrique centrale) dont le virus est très stable en aérosol, ce qui en fait une arme biologique de choix.

La liste des autres maladies à virus est plus restreinte, et se limite essentiellement au virus de la variole, qui possède la particularité d'être extrêmement contagieux et particulièrement résistant en milieu extérieur. Heureusement, des souches n'existent que dans deux laboratoires au monde, qui sont sévèrement gardés. Il n'en reste pas moins que pour les spécialistes un retour des épidémies de variole serait un véritable cauchemar.

En avril 1994, Anatoliy Vorobyov, expert russe en armes biologiques, s'exprimant devant l'Académie nationale des sciences américaine, expliquait que selon lui la variole se place en tête de liste par sa dangerosité, suivie de l'anthrax et de la peste. Le charbon bactéridien, c'est-à-dire l'anthrax, se retrouve sur toutes les listes. Les raisons de cette unanimité des experts tiennent à son extrême toxicité, à sa grande résistance et à sa relative facilité de production. Presque tous les micro-organismes meurent rapidement s'ils sont exposés au soleil, mais ce n'est pas le cas du charbon bactéridien, qui à l'état de spore peut survivre pendant des dizaines d'années. Les bactéries de la peste sont quant à elles plus faciles à trouver dans les « réservoirs » naturels que l'agent du charbon, mais sont en revanche plus difficiles à cultiver, et plus sensibles à l'action agressive de la pulvérisation en aérosol.

Rappelons que, chaque année, les maladies infectieuses font plus de 13 millions de victimes dans le monde, et qu'elles sont globalement la première cause de mortalité (la troisième dans les pays développés). C'est ainsi que chaque année en Europe, à l'approche de l'hiver, les médecins sont confrontés à un nouveau type de grippe. On a ainsi connu la célèbre grippe espagnole, puis elle fut anglaise, italienne, chinoise, etc. Au point que certains se sont ouvertement demandé si des laboratoires pharmaceutiques – n'oublions pas que leur chiffre d'affaires s'exprime en milliards d'euros – ne créaient pas des virus mutants pour vendre les vaccins correspondants... Aucune preuve n'a jamais été apportée à l'appui d'accusations aussi graves, et l'on peut espérer que ce n'est pas le cas.

Après avoir été confronté aux horreurs des armes conventionnelles et chimiques durant la Première Guerre mondiale, le monde a d'ailleurs eu un avant-goût des effets catastrophiques d'une guerre biologique avec la pandémie du virus grippal au printemps de 1918. Baptisée du nom de grippe espagnole, l'épidémie a fait 22 millions de victimes dans le monde. En comparaison, la guerre qui venait de ravager l'Europe avait fait moins de victimes en quatre ans, avec 19 millions de morts, civils et militaires réunis. Pourquoi cette épidémie de grippe de 1918 fut-elle si meurtrière ? Seule l'identification génétique de son virus pouvait fournir la réponse, et c'est pour cela qu'une équipe de biologistes américains menée par Jeffrey Taubenberger [31] a analysé des fragments de ce virus prélevés sur le corps d'un soldat américain mort suite à cette épidémie, conservé depuis 80 ans dans de la paraffine. Il en ressort que ce virus était très proche de celui de la peste porcine, et non, comme on le pensait jusque là, d'une souche infectant les oiseaux [32]. L'équipe américaine a par ailleurs procédé au séquençage complet du gène codant la protéine responsable de la fixation du virus à la cellule hôte à partir de matériel génétique prélevé sur trois autres malades décédés à l'automne 1918. Deux d'entre eux étaient également conservés dans des blocs de paraffine, le dernier – en Alaska – ayant été directement extrait du permafrost (sol gelé) dans lequel il était enseveli jusque là. Les analyses philogénétiques ont montré que ce virus de la grippe espagnole était une souche grippale de mammifère, confirmant ainsi la première étude, et que le virus en question commença son travail d'infection longtemps auparavant, entre 1900 et 1915, avant de devenir soudain hypervirulent [33].

La puissance potentielle de la guerre bactériologique, ainsi illustrée par l'impact du virus grippal, a tellement impressionné les responsables politiques de l'époque que six ans plus tard, lors de l'adoption du Protocole de Genève, les dispositions concernant l'interdiction de l'utilisation des armes chimiques ont été étendues aux agents bactériologiques...

**

31. *New England Journal of medicine*, 14 nov. 1996.
32. *Science*, 275, 1997.
33. « Le virus de la grippe espagnole démasqué », in *La Recherche*, mai 1997.

Si la grippe a impressionné, avec cette véritable hécatombe de 1918, son virus n'est cependant pas intéressant du point de vue d'une guerre ou d'une attaque bactériologique. Celui de la variole, en revanche, l'est beaucoup plus. Il s'agit là en effet d'un des virus les plus mortels pour l'homme (avec un taux de mortalité de 30 %), qui plus est facilement diffusé par voie aérienne, et laissant des séquelles graves (cécité notamment) chez ceux qui en réchappent.

La maladie se manifeste par une éruption de vésicules ressemblant à la varicelle, les cicatrices laissant des traces indélébiles. Après une incubation d'une à deux semaines, le patient connaît une forte fièvre, ressent de violents maux de tête, et voit apparaître de petites pustules au septième jour, d'abord sur son visage et sur les jambes, puis sur le reste du corps.

La variole est cependant la première maladie infectieuse à avoir été totalement éradiquée de la planète – le dernier cas fut enregistré en Somalie en 1977 – l'OMS ayant déclaré officiellement le 29 octobre 1979 comme étant le « premier jour sans variole ». Mais l'éradication de cette maladie, et l'arrêt total de la vaccination la concernant, pourraient être considérés par les terroristes comme une occasion à exploiter. À condition évidemment de se procurer le virus, gardé dans deux laboratoires seulement, aux États-Unis (Atlanta, Géorgie) et en Russie (Koltsovo, Sibérie).

Certains spécialistes, qui se veulent optimistes, écartent le risque d'une utilisation malveillante du virus de la variole, en rappelant que les seules souches existantes sont conservées en seulement deux endroits au monde. Pour les Américains, on peut imaginer que toutes les précautions sont prises, mais pour la partie russe on peut nourrir des doutes. Selon le journaliste américain Howard Witt, du *Chicago Tribune*, qui est allé faire un reportage sur le sujet à Moscou en 1994 : « Deux retraités gardant les portes, une clôture désarticulée coiffée de quelques bouts de fil barbelé et un système d'alarme vétuste relié à un lointain poste de police, voilà ce qui interdit l'accès au lieu où se trouve conservé l'un des virus les plus redoutables de l'histoire de l'humanité. Voilà ce qui est censé faire obstacle au terroriste déterminé à se procurer une telle arme... » Le même journaliste assure que Vitaly Zverev, le directeur adjoint de ce laboratoire, a admis que « rien ne peut arrêter un terroriste vraiment décidé de se servir du virus de la variole ». Les scientifiques américains qui ont eu l'occasion de le visiter confirment que la sécurité autour du site où se trouve entreposées les dernières souches de virus de la variole laisse à désirer. Ils n'ont vu là qu'un seul garde, une jeune recrue, avec dans les mains « une kalachnikov qui n'était peut-être même pas chargée »...

Rappelons que le virus de cette maladie hautement contagieuse a tué quelque 300 millions de personnes au XIXe siècle, et utiliser la variole en tant qu'arme reviendrait à attaquer le monde entier, toute la planète pouvant être touchée en seulement quelques jours. Au point qu'il n'est pas exagéré de dire que la dissémination intentionnelle de ce virus constituerait un crime contre l'humanité... Qu'arriverait-il si malgré tout une épidémie de variole devait se déclencher aujourd'hui? Strictement rien ne se passerait pendant une dizaine de jours, mais ensuite tout irait très vite.

Pour éviter tout problème il faudrait vacciner dans les quatre jours, mais le diagnostic ne pourrait pas être établi formellement avant dix jours, et une seconde vague de cas serait alors inévitable. Or seulement dix cas secondaires en entraînent mille au bout de deux semaines, la croissance étant exponentielle. La surcharge des hôpitaux pourrait conduire ainsi à un véritable chaos. De plus, comment mettre en pratique une vaccination de masse avec si peu de doses disponibles ? Il faut savoir en effet que le stock américain de vaccins contre la variole est tout juste de 15 millions de doses, de quoi protéger seulement un citoyen sur seize... Les réserves seraient donc rapidement épuisées, et l'on sait que les laboratoires n'ont plus la capacité d'en fabriquer autant dans un délai suffisamment court. En France, on n'est guère mieux loti, le stock national étant de 5 millions de doses, de quoi vacciner une personne sur douze. Il est vrai que seuls les moins de 30 ans ne sont pas du tout immunisés, ce qui exclut de la vaccination les plus âgés, qui conservent pour quelques années encore une immunité résiduelle. Il est en tout cas probable que moins de 20 % de la population – et sans doute plutôt 10 % – est encore aujourd'hui protégée.

Sur ce risque d'épidémie de variole résultant d'un acte de bioterrorisme, les avis restent partagés. Pour Jacques Hamon, qui fut sous-directeur général de l'OMS entre 1981 et 1986, ce virus serait un très mauvais agent de guerre bactériologique. En dépit de certains propos rassurants, on notera que de plus en plus de mesures sérieuses sont prises çà et là, comme pour parer à un risque sinon imminent, du moins sérieux. C'est ainsi que, le 29 janvier 2002, l'OMS annonçait le report sine die de la destruction des ultimes échantillons du virus, laquelle aurait privé les États de la possibilité de cultiver des souches pour la fabrication massive de nouveaux vaccins. De son côté, deux semaines auparavant, le Conseil fédéral suisse avait décidé d'acheter trois millions de doses de vaccins contre la variole. Quant aux Américains, ils décidaient en mai 2002 de tester l'efficacité d'un vaccin dilué à 10 ou 20 %, afin de multiplier les doses disponibles rapidement.

Pour Donald Anderson, qui dirigea justement à l'OMS le programme d'éradication de la variole entre 1966 et 1977 – il travaille aujourd'hui à l'université John Hopkins – la question n'est pas « si », mais « quand » de telles armes seront utilisées.

Chapitre 11

Les apprentis sorciers

Si la menace bioterroriste est de plus en plus agitée, les grandes puissances n'ont pas abandonné pour autant leurs propres recherches en ce domaine, et continuent de travailler sur des armes de plus en plus sophistiquées. La Russie poursuit par exemple son programme « Enzyme » – commencé du temps de l'URSS – pour faire de certaines maladies sans antidote des armes imparables, comme l'a révélé Ken Alibek, l'ancien directeur de ce programme.

Les Américains, pour leur part, ne sont pas en reste, nous allons le voir. On pourrait même dire que les uns et les autres jouent aux apprentis sorciers, car les recherches portent de plus en plus désormais des produits génétiquement modifiés, dont les possibilités donnent des sueurs froides.

Tandis que la menace d'un bioterrorisme « artisanal » mais néanmoins potentiellement meurtrier ne cesse d'augmenter, les recherches se poursuivent dans les laboratoires ultra-secrets des grandes puissances, au moins en Russie et aux États-Unis.

**

Dans les années 1970, déjà, l'URSS a créé des maladies résistantes à tous les traitements connus. Quand, en 1972, elle signe la Convention d'interdiction des armes bactériologiques, elle lance un programme pharaonique baptisé « Enzyme ». Son objectif était de faire de la peste, de l'anthrax, de la tularémie, ou des fièvres hémorragiques de type Ebola, des armes d'autant plus efficaces qu'elles n'ont pas d'antidote. Une arme bactériologique est encore plus tentante pour son utilisateur qu'elle déclenche des maladies qui ne peuvent pas être soignées. C'est la même année que fut créé l'institut « Biopreparat », sur lequel nous allons nous attarder un instant car il est toujours d'actualité.

Officiellement, il s'agit d'un simple Institut de recherche médicale civile, comme il en existe beaucoup d'autres. En réalité, c'est une pièce maîtresse du programme bactériologique militaire dans lequel l'URSS se lança avec des moyens considérables. Ken Alibek, déjà cité et aujourd'hui installé aux États-Unis, a dit qu'il fut pour l'Union soviétique ce que fut le célèbre projet « Manhattan » outre-Atlantique.

On n'en doutera pas quand on saura qu'au plus fort de son activité, à la fin des années 1980, le programme de guerre bactériologique soviétique occupait plus de 40 000 personnes, dont 9 000 chercheurs, dans une gigantesque organisation regroupant 47 laboratoires et instituts répartis sur une dizaine de sites à travers l'immense territoire de l'URSS. Lesquels étaient le plus souvent camouflés en centres de recherche civils. Même le KGB avait sa propre division bactériologique, connue sous le nom de « Flayta » (flûte), et destinée aux opérations spéciales et aux assassinats discrets de personnalités gênantes...

Sous couvert d'activités pharmaceutiques, l'Institut Biopreparat menait ainsi des recherches sur la dissémination de la tularémie (maladie infectieuse fébrile) et de la maladie du charbon, sans négliger la peste, la variole, la brucellose, la morve, la tularémie, le typhus, la toxine botulique et les virus des fièvres hémorragiques. En 1987 le centre produisait 200 kg d'anthrax par semaine, et 5 000 tonnes d'armes bactériologiques sortaient chaque année des usines spécialisées à travers le pays, tels que ceux de Kirov, Sverdlovsk, ou Zagorsk.

Quant aux tests, menés sur des chevaux, des singes, des moutons et de petits animaux de laboratoire (souris blanches, cochons d'inde, hamsters) ils avaient lieu à Vozrozhdeniye (l'île « Résurrection »). Il s'agit d'une île isolée au beau milieu de la mer d'Aral, déjà évoquée à propos des accidents bactériologiques survenus dans l'ex-URSS. Baptisé Aralsk-7, ce fut à partir de 1954 l'un des grands centres soviétiques d'essai d'armes biologiques à ciel ouvert. Quelque 10 000 militaires ont vécu là, testant les nombreux agents infectieux sortis des laboratoires de Kirov, Sverdlovsk, Zagorsk et Stepnogorsk. Des milliers d'animaux, singes, chiens, moutons, chevaux, y sont morts, souvent dans d'atroces souffrances. Il se dit également que des hommes venus des goulags, et des condamnés à mort ont également servi de cobayes. Il est même arrivé que les nuages chargés de produits mortels aillent un peu trop loin, poussés par des vents imprévus. Des épidémies non identifiées ont d'ailleurs épisodiquement décimé des animaux dans les régions alentour. Ainsi, en 1976, ce fut une hécatombe de poissons en mer d'Aral. Puis, en juin 1986, on a vu des troupeaux entiers de moutons perdre leur laine. Enfin, en mai 1988, en l'espace d'une heure pas moins d'un demi million d'antilopes tombèrent comme des mouches dans la steppe de Turgay, au nord-est de la mer d'Aral. Toute la population de la zone fut alors évacuée par mesure de précaution, mais la cause de cette hécatombe n'a jamais été trouvée [34].

À l'origine, ce centre ultra-secret se trouvait complètement isolé, dans la partie sud de la mer d'Aral, à plus de 60 km du rivage le plus proche. Mais à la suite de son assèchement continu, cette mer a perdu 75 % de sa superficie originelle, et du fait de l'abaissement du niveau de l'eau l'île couvre aujourd'hui 200 000 hectares, dix fois plus qu'en 1960 ! Du coup une zone peu profonde s'étend maintenant entre l'île et la ville de Muynak, sur la côte Ouzbèque, et l'ancienne île interdite est quasiment devenue une presqu'île. D'ici quelques années elle devrait même être complètement rattachée au continent, donc facilement accessible à la fois pour les hommes et les animaux. Le problème est que ces derniers pourront librement essaimer, à travers les territoires environnants, toutes sortes de germes dangereux. Or il faut savoir que furent testés là, notamment en 1986 et 1987, des souches de peste et d'anthrax résistantes aux antibiotiques... Et que dans les dernières années de l'URSS, le Centre « Aralsk-7 » servit à cacher des conteneurs biologiques venus de Sverdlovsk, afin qu'ils échappent aux inspections d'experts occidentaux venus contrôler l'application des traités d'interdiction d'armes biologiques. Mais on peut imaginer que des conteneurs dangereux s'y trouvent encore, qui n'ont sans doute rien perdu de leur virulence.

Inquiétant aussi est le fait, s'il était avéré, que des émissaires d'Al-Qaida seraient venus là à plusieurs reprises

34. Sylvie Rouat, *Sciences et Avenir*, n° de novembre 2001.

depuis 1995, pour s'y procurer des composants d'armes chimiques et bactériologiques. Ce qui est d'autant plus plausible que ce site – aujourd'hui pour un tiers en territoire kazakhe et pour deux tiers en Ouzbékistan – se trouve désormais sans véritable surveillance. Autre sujet d'inquiétude : le fait que l'activité économique va s'accroître dans cette zone où de nombreuses compagnies mènent une prospection pétrolière de plus en plus intense. Ne verra-t-on pas ressurgir un jour prochain d'étranges maladies parmi les employés des compagnies qui viendront s'installer là ?

**

L'institut « Biopreparat » – dont dépendait le centre d'essais de l'île de Vozrozhdeniye – fut donc le cœur d'un empire clandestin de laboratoires de recherche, de terrains d'essais et d'unités de production dispersés sur plus de quarante sites à travers la Russie et le Kazakhstan. Le succès du « Système » – ainsi appelait-on cette organisation pour ne pas la désigner nommément – dépassa de très loin tous les vœux du Kremlin. Pendant vingt ans l'Union soviétique a mis en place le plus vaste programme de guerre bactériologique qui soit au monde. « Nous étions l'un des cent quarante signataires du traité, qui s'étaient engagés à ne pas “développer, produire, constituer des stocks ni acquérir ou conserver par quelque moyen que ce soit” des agents bactériologiques à des fins militaires. Mais au même moment, grâce à notre programme secret, nous stockions des centaines de tonnes de substances renfermant le bacille du charbon, et des dizaines de tonnes pour la peste et la variole, afin de les utiliser contre les États-Unis et leurs alliés. Ce qui se passait dans les laboratoires de Biopreparat fut un des secrets les mieux gardés de la Guerre froide[35]. »

C'est en 1989, dans les années de « glasnost », que Vladimir Pasechnik, un chercheur de l'institut biologique de Léningrad passé à l'Ouest, révéla lors d'une conférence scientifique à Londres que les centres de recherches civils du groupe « Biopreparat » – tels ceux de Kirov ou de Serguiev Posad – n'étaient qu'une « couverture » et violaient par conséquent le traité d'interdiction des armes biologiques.

Les services secrets occidentaux le savaient évidemment depuis longtemps, mais le fait n'était pas de notoriété publique. Après cette déclaration, largement reprise par la presse mondiale, il fallait évidemment réagir. Ils ne soupçonnaient pourtant pas, comme le fit savoir par ailleurs Vladimir Pasechnik, que l'effort d'armement bactériologique soviétique était dix fois supérieur à ce qu'estimaient les services de renseignement occidentaux. En 1992, le Dr. Ken Alibek fit défection à son tour, et put fournir de nouveaux détails sur ce programme, confirmant ces premières révélations.

Le 11 avril 1990 Margaret Thatcher et George Bush, d'une même voix, demandèrent à Mikhaïl Gorbatchev de mettre fin à ce programme. Ce dernier assura alors, la main sur le cœur, que l'URSS ne se livrait pas à l'étude d'armes bactériologiques, mais promit toutefois de faire des vérifications. Deux mois plus tard, lors d'une rencontre à Irkoutsk – où se trouve, ironie du sort l'un des centres de Biopreparat – le ministre des Affaires étrangères Edouard Chevarnadzé, transmit la réponse de

35. Ken Alibek, en collaboration avec Stephen Handelman. Biohazard, New York, Random House, 1999.

Mikhaïl Gorbatchev au secrétaire d'État américain James Baker : « Après enquête il apparaît que ces accusations sont sans fondement... » Était-il sincère ? Ou bien fut-il lui-même abusé par les responsables du complexe militaro-industriel, qui poursuivait clandestinement de telles recherches ?

Toujours est-il qu'une équipe anglo-américaine composée de douze experts put visiter peu après, en janvier 1991, le principal centre de recherche russe en ce domaine – celui d'Obolensk – discrètement niché au milieu d'une forêt de pins à une centaine de kilomètres au sud de Moscou. Les visiteurs occidentaux n'ont vu effectivement que des laboratoires quasiment vides, qui pouvaient difficilement être utilisés tels quels pour des recherches de haut niveau. « Il ne semble pas que des recherches de haut niveau soient en cours, du moins pas dans ces centres-là », reconnut Edward Lacey, qui conduisait la délégation américaine [36]. Cette délégation, qui avait dû préalablement subir une impressionnante série de vaccinations, put visiter les laboratoires les plus secrets, situés dans un bâtiment de neuf étages au sein d'un complexe très vaste. C'est là que, selon Ken Alibek, l'URSS réalisa le programme d'armes biologiques le plus étendu que l'on ait jamais mené. Au troisième étage de ce bâtiment n°1 sont encore entreposées des substances dangereuses, mais du temps de la Guerre froide, ce sont cinq étages qui étaient dévolus à ce stockage. Les visiteurs scientifiques ne savent pas pour autant quels types de microbes ou de virus l'on produisait là. « Nous ne poursuivions pas des buts humanitaires » avoua toutefois l'un des biologistes, qui se risqua à ce seul commentaire laconique. Pour Vladimlir Umnov,

---

36. *New scientist*, mars 1987.

journaliste de la *Pravda*, qui a beaucoup écrit sur le sujet, Biopreparat fut surtout un grand gaspillage.

Pourtant, en février 1992, Boris Eltsine devenu premier président de la fédération de Russie, admit ouvertement que le programme bactériologique militaire se poursuivait bel et bien lorsqu'il est arrivé au pouvoir. Deux mois plus tard, le 11 avril, il signera un décret ordonnant son interruption. Mais lui a-t-on obéi ? Le Pr. Vil Mirzaianov, notamment, en doute sérieusement. Ce spécialiste fut d'ailleurs arrêté sous l'inculpation officielle de « haute trahison », justement pour avoir écrit dans la Presse que la Russie poursuivait son programme d'armement biologique et bactériologique...

On reparle aujourd'hui de Biopreparat, dans le cadre d'un scandale qui a fait surface aux État-Unis. Le *New York Times* révélait en effet, le 25 janvier 2000, que les responsables de cet Institut au passé sulfureux avaient détourné des fonds américains accordés dans le cadre de programmes menés en coopération. Selon Judith Miller, spécialiste de ces questions au *New York Times*, le directeur Youri Kalinine, ex-général de l'Armée rouge, a détourné au moins 10 % des crédits versés dans le cadre d'un programme conjoint avec la NASA pour des recherches biologiques dans l'espace. Arnauld Nicogossian, qui dirige ce programme de recherche de 20 millions de dollars (dont 1,6 versés à Biopreparat), explique qu'un homme qui se fait appeler « Dr. Kalinine » – mais se trouve être en réalité un officier supérieur de l'Armée russe, lui a conseillé cet institut comme étant le plus approprié pour recevoir les crédits américains. Nicogossian assure quant à lui n'avoir jamais entendu parler de Biopreparat avant 1999. Cette coopération fut pourtant approuvée au plus haut niveau par une commission que dirigeait l'ancien vice-président Al Gore... L'administration Clinton a non seulement ignoré cette affaire, mais l'a enterrée. En 1995, un rapport annuel confidentiel de l'ACDA, l'Agence pour le contrôle du désarmement, révéla que grâce à ces fonds, Moscou a pu poursuivre son programme secret sur les armes biologiques. Un comble ! Or cette « découverte » fut supprimée dans la version publique du rapport en question...

Les enquêteurs américains restent d'autant plus soupçonneux sur les activités de la firme Biopreparat, que celle-ci est dirigée par les mêmes militaires et agents de renseignement qui, durant la Guerre froide, s'évertuèrent à dissimuler la réalité du programme de guerre biologique soviétique. Ken Alibek, ancien adjoint de Kalinine, et Igor Domaradsky, l'un des premiers directeurs du programme, ont d'ailleurs identifié le général Kalinine et Biopreparat comme étant les piliers de ce programme.

Boris Eltsine, quand il était président, en réponse aux protestations américaines de 1972, promit qu'il allait supprimer le programme d'armement biologique et démettre le général Kalinine de son poste de directeur de l'Institut. Mais il fut incapable de tenir sa promesse.

**

Les recherches soviétiques étaient clairement orientées – et le sont semble-t-il toujours – vers l'obtention d'agents pathogènes pour lesquels on ne connaît aucun remède. Ce mot d'ordre influença de manière décisive l'évolution du programme, et jeta les chercheurs dans une course sans fin contre les progrès de la recherche médicale, raconte Ken Alibek : « Dès qu'un nouveau traitement ou un nouveau vaccin voyaient le jour quelque part dans le monde, nous retournions à nos labos et nous cherchions le moyen d'en surmonter les effets... Au nom de la recherche scientifique, nos agents achetaient des souches de micro-organismes pathogènes aux laboratoires universitaires et aux firmes de biotechnologie du monde entier, sans aucune difficulté. »

Les représentants d'organisations scientifiques et commerciales soviétiques avaient pour instruction permanente de rechercher des maladies inédites ou rares, et cela sur tous les continents. Aux États-Unis, par exemple, ils ont trouvé « Machupo », le virus qui provoque la fièvre hémorragique de Bolivie. « Marbourg », le cousin du virus Ebola, fut quant à lui expédié d'Allemagne. Pratiquement chaque mois, des ampoules remplies de cultures bactériennes recueillies aux quatre coins du monde par les agents soviétiques arrivaient à Moscou par la valise diplomatique. Les techniciens de Biopreparat testaient alors de nouvelles souches pathogènes. Ken Alibek poursuit : « Nous nous sommes même penchés sur le sida et la légionellose, mais l'un et l'autre étaient trop instables pour être utilisés contre des populations civiles. » On ne peut que s'en féliciter...

**

Les spécialistes soviétiques – et sans doute les Russes à leur suite – étaient également fort avancés dans les recherches sur les neuropeptides. Pour en comprendre l'intérêt il faut savoir que ces molécules – on en connaît plus d'une centaine de différentes (bêta-endorphine, encéphalines ou sérotonine par exemple) – agissent sur notre processus de pensée et sur nos émotions. En maîtrisant les neurotransmetteurs, il est donc possible de rendre quelqu'un déprimé, ou au contraire surexcité, ou encore annihiler chez lui toute volonté. De nombreux services d'espionnage dans le monde (notamment le KGB autrefois) ont utilisé ces possibilités lors d'interrogatoires. Mais ces neuropeptides entrent aujourd'hui dans la conception de certaines armes biologiques. La plupart des neurotransmetteurs étant des peptides, il suffit d'en insérer par manipulation génétique dans un virus pour obtenir l'effet voulu. Les laboratoires russes ou américains maîtriseraient cette technique depuis déjà trente ans.

Le génie génétique permet par ailleurs de modifier les micro-organismes en agissant sur leurs gènes, et c'est un merveilleux outil pour traiter certaines maladies. Mais il y a un revers à la médaille, car il ouvre aussi des perspectives militaires. Le génie génétique permet en effet de faire fabriquer des substances toxiques par des bactéries dont le génome a été modifié par inclusion d'un gène.

Avec les armes génétiques il ne s'agit donc plus d'exploiter des germes existant à l'état naturel, mais d'en créer de nouveaux. Le résultat est que des micro-organismes n'engendrant normalement aucun trouble peuvent, une fois modifiés génétiquement, provoquer des maladies totalement inconnues. Le virus de la grippe, par exemple, a une taille et une structure qui permet d'y insérer des gènes de venin de cobra ! Quand on sait avec quelle facilité ce virus se transmet, il est clair qu'il pourrait être le vecteur très efficace pour une offensive biologique. Mais le plus étonnant est que l'organisme, en essayant de combattre ce virus, provoquerait en quelque sorte son propre suicide. Les gènes artificiellement recombinés commanderaient en effet au corps atteint de fabriquer du venin ! Au bout du compte, sans qu'aucun médecin ni aucune thérapie n'ait pu faire quoi que ce soit, ce serait la paralysie et la mort.

Pour en revenir à l'anthrax, il faut savoir qu'il existe,

outre les souches naturelles dont les atteintes peuvent être soignées par certains antibiotiques, plusieurs souches transgéniques fabriquées par manipulation génétique, et dont l'intérêt est exclusivement militaire. Les traitements connus n'ont pas d'effet sur cette bactérie modifiée, de sorte qu'elle peut devenir une arme encore plus redoutable que la bactérie naturelle. À l'automne 2001, avant même l'envoi des lettres piégées à l'anthrax, les États-Unis ont essayé d'obtenir par voie diplomatique un échantillon de la version transgénique de ce virus, développée en Russie [37]. Les biologistes militaires américains ont en effet mis au point un vaccin supposé être efficace contre l'anthrax russe, et souhaitaient le tester...

Pour compliquer encore la tâche du corps médical, les virus eux-mêmes peuvent être transformés de telle sorte qu'ils ne soient plus du tout reconnaissables par les anticorps que l'organisme humain fabrique sous l'effet des vaccins habituels. Il serait donc totalement impossible de combattre ces virus génétiquement modifiés. Le plus inquiétant est que plusieurs États – outre les États-Unis et la Russie – maîtriseraient désormais cette technique et disposeraient des installations pour les produire en quantité.

Enfin, toute dernière nouveauté : les virus synthétiques, fabriqués de toutes pièces ! Il ne s'agit nullement de science-fiction puisque cette possibilité a fait l'objet d'un communiqué officiel le 12 juillet 2002. C'est, pour commencer, le virus de la poliomyélite qui a été entièrement synthétisé en laboratoire aux États-Unis, par les Dr. David Whitehouse et Eckard Wimmer, appartenant à l'équipe de recherche biomédicale de l'université de New York à Stony Brook. Certains se sont étonnés que

37. *New York Times* du 4 septembre 2001.

l'on fasse autant de publicité autour de ce virus artificiel, et pour le Dr. C. Peters, directeur du « Center for Biodefense » à l'université du Texas de Galveston, ce qu'a réalisé ses confrères « n'est pas ce qu'ils ont fait de mieux dans leur vie »... Le problème est que le virus de la variole, beaucoup plus dangereux, pourrait également être fabriqué de cette façon, reconnait un de leurs collaborateurs, le Dr. Jeronimo Cello. En réponse aux critiques selon lesquelles de telles recherches peuvent conduire des bioterroristes à créer de nouveaux virus mortels, les scientifiques impliqués dans l'expérience disent que peu de personnes au monde ont les connaissances voulues pour maîtriser cette technique. Mais est-ce bien une excuse rassurante ?

**

Dans ce contexte, l'on comprendra que les spécialistes de biologie moléculaire soient hantés par la crainte de voir leurs travaux aboutir à l'émergence de maladies non seulement inconnues, mais incurables. Selon Gerry Epstein, du Bureau américain d'évaluation technologique, les manipulations génétiques peuvent perturber et rendre inefficaces les vaccins si l'organisme ne sait plus reconnaître les agents producteurs d'une maladie.

Le neurobiologiste anglais Steven Rose est de ceux qui s'inquiètent des vastes possibilités qu'offre le génie génétique pour la guerre biologique [38]. Cette technique permet de modifier des micro-organismes en agissant sur leurs gènes. Une soixantaine de contrats existent à ce sujet entre des universités américaines et le Pentagone. Cela permet par exemple d'isoler la partie la plus virulente d'un bacille

---

38. Symposium « Bioterrorisme et santé », organisé à Ottawa par la Direction générale de la santé publique canadienne, 27-28 mars 2000.

pour la transférer dans un micro-organisme banal, largement répandu dans la nature, qui deviendrait alors un redoutable tueur.

La communauté des biologistes a depuis longtemps pris conscience du danger puisque dès 1974 certains scientifiques demandèrent l'arrêt de ces expériences, et l'année suivante ont adopté un code de déontologie particulièrement strict en matière de recherche génétique. Mais quelques années plus tard la tendance s'était inversée. Il était courant d'affirmer que l'on avait surestimé les risques de l'ingénierie génétique. Les laboratoires ne travaillent plus, assure-t-on outre-Atlantique, que sur les parades à ce type de menace. Pourtant, plusieurs dizaines de contrats ont été passés entre le Pentagone et certaines universités sur ce type de recherches...

Le pire des cauchemars serait qu'un virus d'une espèce nouvelle contre lequel l'humanité ne possède aucune immunité naturelle, se répande dans le monde entier... Le développement du sida est riche d'enseignements à cet égard. La diarrhée rouge, apparue de façon tout aussi inattendue au Zaïre, a suivi un processus comparable. Si des virus peuvent ainsi apparaître naturellement, de façon brutale, pour nous menacer en se disséminant finalement sur tous les continents, que dire de germes qui seraient créés et disséminés volontairement ?

**

On peut aller encore plus loin dans les perspectives qui nous attendent, et imaginer un virus qui n'affecterait que les membres d'un groupe ethnique donné. Des biologistes militaires ont déjà eu l'idée de créer des bactéries qui n'affecteraient qu'une certaine catégorie d'individus. L'utilisation d'une arme basée sur ce principe permettrait, on l'a compris, de réaliser discrètement une sélection raciale dans un pays donné. Il suffit pour cela d'identifier le gène qui donne la couleur de la peau. Mais cela peut également aller jusqu'à identifier d'autres gènes spécifiques, chez des individus obèses, ou déficients mentaux. Une fois ces gènes identifiés, il ne resterait plus qu'à mettre au point la bactérie capable de détruire les individus porteurs.

Ces recherches ne sont pas vraiment une nouveauté puisque, dans le même esprit, les Japonais avaient installé en 1937, en Mandchourie, trois centres spécialisés pour la guerre bactériologique, où travaillèrent des années durant plusieurs milliers de scientifiques. Le plus atroce fut « L'Unité 731 » située à Pingfan, près de Harbin, et commandée par le général Ishii Shiro, chirurgien militaire. Pendant plus de dix ans quelque trois mille prisonniers chinois, coréens, mongols et même russes furent utilisés comme cobayes dans des conditions égalant l'horreur des camps nazis. Des bactéries et des virus de toutes sortes leur furent inoculés, pour connaître la diversité des réponses à une maladie selon le type ethnique des individus. Les malades survivants étaient ensuite sacrifiés pour autopsie. Ces installations furent détruites par les Japonais en août 1945, lorsque les Russes sont entrés en Mandchourie, mais Ishii Shiro a pu fuir par la Corée et se réfugier au Japon, en emportant les comptes rendus détaillés des expériences, qui seraient ensuite passés dans les mains des spécialistes américains.

De même, il faut souligner le danger potentiel que représentent les fichiers génétiques des populations. Le projet du génome humain, achevé en l'an 2000 et salué comme une grande avancée scientifique, a permis de séquencer intégralement le génome humain. L'autre projet, baptisé HGDP (Human Genome Diversity Project), cherche à rendre compte de la diversité de ce même génome, dans le but parfaitement noble de mieux connaître le bagage génétique humain et trouver ainsi des réponses thérapeutiques aux maladies qu'on ne guérit pas encore. Ces projets soulèvent toutefois une grande crainte : celle de voir ces identifications génétiques détournées à des fins moins avouables. On pense par exemple à des manipulations de virus, pour rendre ceux-ci plus virulents vis-à-vis de certaines minorités ethniques. La tuberculose, contre laquelle les populations indiennes d'Amérique latine n'étaient pas protégées, permit ainsi aux conquistadores du XVIe siècle de décimer – sans l'avoir voulu cependant – ces populations autochtones. Des virus manipulés en laboratoire permettraient de faire demain la même chose sur d'autres populations, avec plus d'efficacité, et dans la plus grande discrétion.

Science-fiction ? Pas vraiment quand on sait que l'Afrique du Sud semble s'être engagée dans cette voie du temps de l'apartheid. Des révélations faites en 1998 à la Commission « Vérité et conciliation » (Truth and Reconciliation Commission) permettent en effet de le penser. D'après les auditions de cette commission, il apparaît que Daan Goosen, directeur d'un laboratoire de guerre bactériologique et chimique, reçut en 1980 pour mission de mettre au point une arme biologique que l'on pourrait qualifier de « pigmentaire », susceptible de tuer uniquement les individus à la peau noire... Ce programme était dirigé par le Dr. Wouter Basson, un ancien des Forces spéciales et médecin du président Botha. Le projet d'armement chimique et biologique de la république sud-africaine, baptisé « Coast », démarra au début des années 1980. Il y avait dans la panoplie mise à la disposition du gouvernement des armes chimiques et biologiques classiques mais aussi une « toxine de l'infertilité » qui devait stériliser la population Noire à son insu.

**

Aux États-Unis, les recherches les plus étonnantes portent sur des insectes-robots, dotés de biopuces informatiques. Ces cyberinsectes seraient en mesure d'accomplir en toute discrétion des missions de dissémination de germes. Par ailleurs, l'armée américaine ne fait pas mystère de financer des recherches sur des robots-insectes, totalement mécaniques ceux-là, comme l'« Entomopter », breveté en juillet 2000. Il s'agit d'une sorte de grosse mouche de 15 cm d'envergure pesant seulement 50 grammes, capable de voler dans des conduits de ventilation, par exemple, et utiliser des sortes de pattes pour ramper dans des passages étroits. Ses ailes battantes lui donnent la possibilité d'atterrir et de décoller sur place, et de changer instantanément de direction. Ce type d'insecte mécanisé intéresse même la NASA pour l'exploration de la planète Mars, mais peut tout aussi bien trouver des applications pour déceler la présence d'agents pathogènes en cas d'attaque bioterroristes. Mais il va de soi qu'il pourrait lui-même disséminer de tels produits ! Un robot-criquet a par exemple été développé par la section robotique du DARPA (Defense Advanced Research Projects Agency), le département des recherches avancées du ministère de la Défense. Il réagit par télécommande aux ordres de son « pilote », exactement comme ces petits avions télécommandés que font voler les modélistes.

Tout aussi étonnants que les insectes : les mammifères robotisés ! En implantant des électrodes dans le cortex d'un rat, des scientifiques américains sont ainsi parvenus à obtenir un animal obéissant docilement aux ordres de son « maître »... Baptisé « Hillary », ce rat robotisé est né des expériences du Dr. John Chapin, un neuroscientifique du Centre médical de Brooklyn, rattaché à l'université de New York. Ces recherches ont été présentées dans la revue scientifique « Nature » et ont suscité l'admiration des spécialistes en intelligence artificielle, mais elles soulèvent quand même des questions d'ordre éthique. Le magazine *The Economist*, signale le journaliste Fabrice Rousselot [39], a notamment consacré l'un de ses numéros au « contrôle du cerveau », en prévenant que personne ne pourrait empêcher ces expériences sur les rats d'être un jour appliquées à des humains. L'idée de départ est pourtant on ne peut plus noble, puisqu'elle consistait à développer une prothèse pour les handicapés, afin qu'une impulsion électrique générée dans leur cerveau leur permette de bouger un membre artificiel. Le principe consiste à implanter trois électrodes dans le cerveau, la troisième étant située dans la zone du cortex correspondant au « centre du plaisir ». Dès que l'animal – dans le cas présent – perçoit un signal lui ordonnant une certaine action, et s'il la réalise correctement, il est « récompensé » par la décharge d'une troisième électrode qui lui procure une sensation de plaisir. Cette technique permettrait à des animaux de petite taille – lors d'opérations de sauvetage après un séisme par exemple – de se glisser sous les décombres avec une petite caméra pour repérer d'éventuels survivants. C'est une véritable révolution en matière de robotique, dans la mesure où jusqu'alors on a seulement cherché à copier les animaux – on appelle cela la « cybernétique » – comme le fit par exemple Albert Ducrocq dans les années 1950 avec son

39. *Le Monde* du 15 juin 2002.

renard électronique. Cette fois, c'est au contraire d'un animal robotisé qu'il s'agit, plus performant et plus souple qu'un robot dans ses possibilités. Mais on imagine sans peine les conséquences si un petit animal robotisé de la sorte est chargé par des terroristes de répandre incognito des bacilles mortels...

**

Concernant les possibilités des microbes génétiquement modifiés, il faut enfin évoquer la possibilité de micro-organismes « trafiqués » pour rendre inopérants les véhicules ennemis en « digérant » aussi bien les carburants que les métaux ou les matières plastiques qui les constituent !

Pour illustrer cette possibilité, et montrer qu'elle non plus ne relève pas de la science-fiction, on rappellera qu'une trentaine de chalutiers sont ainsi restés bloqués dans le port du Grau-du-Roi, voici une quinzaine d'années, parce qu'une bactérie se nourrissant de carbone avait proliféré dans les réservoirs de gazole, et bouché les filtres des moteurs ! Le même problème se posa également avec des poids lourds, dont les réservoirs de gazole se bouchaient mystérieusement. Les analyses ont montré que ce magma visqueux constitué d'eau et de gazole en émulsion renfermait des micro-organismes (bactéries, champignons, levures) ainsi que des produits (collagènes et colloïdes, bien connus pour leurs propriétés gélifiantes) secrétés par ces mêmes organismes. Les chimistes savent bien que le pétrole brut est le siège d'une grande activité bactérienne, mais celle-ci est normalement détruite lors des opérations de raffinage, à plus de 350°, qui sont stérilisantes. Mais au contact de l'air ambiant, dans certaines conditions, le gazole peut s'enrichir de germes qui vont se multiplier au fond des réservoirs, d'abord sous forme aérobie, puis anaérobie, en formant une sorte de mousse qui obstrue les filtres, aujourd'hui plus fins qu'autrefois.

La conclusion de tout cela est que des germes du même type, rendus plus actifs par manipulation génétique, et introduits par des saboteurs dans des dépôts de carburants, pourraient paralyser des véhicules (aussi bien des voitures ou des camions que des chars), clouer au sol les avions, et bloquer toute circulation maritime...

Les terroristes d'aujourd'hui ne cherchent plus à négocier quoi que ce soit en contrepartie de leurs menaces, mais à tuer en masse pour impressionner. Franck Ciluffo, expert en terrorisme, s'exprimant en septembre 2001 devant le Comité des relations internationales du Sénat, remarquait que nous sommes aujourd'hui dans une situation tout à fait différente par rapport aux décennies précédentes : « Le terrorisme traditionnel agissait pour amener les acteurs à la table des négociations, alors que les groupes actuels – mus par des croyances politiques ou religieuses – ne cherchent qu'à substituer leur modèle à l'ancien. »

Ces dernières années, les terroristes ont ainsi monté des opérations de plus en plus spectaculaires et violentes, afin d'obtenir par la couverture médiatique des résultats comparables à ceux qu'ils obtenaient auparavant avec des attentats de moindre envergure. De ce point de vue l'utilisation d'agents biologiques apparaît comme idéale pour frapper l'imagination. Le Département d'État américain a répertorié 29 groupes terroristes susceptibles de se procurer des armes de destruction massive. Sont toutefois éliminés d'office les groupes nationalistes tels que l'IRA et l'ETA, pour qui la réaction de l'opinion publique devant les conséquences morales du recours à des armes biologiques signerait leur disparition. Le recours à des armes biologiques est en revanche vraisemblable dans le cas de groupes comme l'Armée rouge japonaise, les groupes néonazis d'Amérique et d'Europe, ou les réseaux islamistes extrémistes, dont les objectifs sont tout autres.

Plusieurs raisons font que l'on doit être de plus en plus inquiet : d'abord parce que les terroristes sont bien plus fanatisés que par le passé ; ensuite parce qu'ils ne se soucient absolument plus des victimes innocentes (ce qui autrefois aurait nui à l'acceptation de leur cause par l'opinion publique) ; enfin le fait qu'ils soient souvent prêts à se sacrifier pour accomplir leur mission, ce qui rend toute parade impossible.

Les Américains, particulièrement, ont vécu pendant quarante ans dans la crainte d'une attaque soviétique, et l'ennemi était alors parfaitement identifié. Aujourd'hui, les États-Unis – mais également l'Europe et quelques autres pays du monde – vont devoir faire face à un autre risque, où l'ennemi est cette fois devenu invisible.

ANNEXES

Question / Réponses

Faut-il se faire vacciner à titre préventif dans la crainte d'un attentat bioterroriste ?

Absolument pas, car ne sachant pas à l'avance quel agent pathogène sera utilisé dans un attentat, il n'est pas possible de se faire vacciner contre tous les risques potentiels. D'autant qu'il n'existe pas de vaccin pour certains de ces risques, et que des personnes peuvent ne pas tolérer certains vaccins. En cas d'épidémie les pouvoirs publics procéderaient à des vaccinations préventives, si cela se révélait nécessaire et possible. Dans la plupart des cas un traitement rapide par antibiotiques permet de soigner les personnes atteintes.

Faut-il acheter un masque à gaz pour se protéger d'une attaque bioterroriste ?

Il existe plusieurs types de masques, et certains ne protègent pas du tout. Cela peut donner un faux sentiment de sécurité, d'autant que le masque à gaz ne constitue qu'une protection partielle, les produits chimiques ou les bactéries peuvent aussi passer par voie cutanée. Tous les experts en ce domaine appellent donc à la raison.

Les agents pathogènes utilisés à l'Institut Pasteur pourraient-ils servir à des terroristes ?

L'Institut Pasteur ne stocke pas de grandes quantités d'agents pathogènes, lesquels sont en outre, en majorité, des germes atténués, dépourvus de virulence. Par ailleurs très sensibles aux conditions atmosphériques, ils ne survivraient pas longtemps en milieu extérieur. Enfin, les installations qui utilisent ces virus sont dotées d'équipements de filtration très efficaces et sont maintenus en dépression.

Si un avion tombait sur un centre de recherches, des virus pourraient-ils se disperser dans la nature ?

Non, car ils seraient détruits par la chaleur de l'incendie. Si des particules virales étaient malgré tout libérées, leur quantité ne serait pas suffisante pour infecter la population. En France, le laboratoire P4 « Jean Mérieux » de Lyon – inauguré le 5 mars 1999 – est un laboratoire de diagnostic et de recherche pour le traitement et la prévention des fièvres hémorragiques. Ce travail ne requiert la manipulation et la conservation que d'une faible quantité de virus. Lorsqu'ils ne sont pas conservés à basse température, les virus stockés perdent rapidement leur pouvoir infectieux.

Qu'est-ce que la maladie du charbon ?

Le charbon est causé par une bactérie appelée *Bacillus anthracis*, présente dans les tissus vivants d'animaux infectés. La bactérie peut former des spores lorsque les liquides organiques infectés par la bactérie sont exposés à l'air. Il existe trois formes d'anthrax, ou maladie du charbon. La forme pulmonaire, la plus grave, une forme cutanée et une forme digestive, cette dernière étant très rare.

Comment contracte-t-on le charbon ?

Les spores de *Bacillus anthracis* pénètrent dans l'organisme par une coupure ou une écorchure, ils entraînent une infection cutanée appelée charbon cutané. Si les spores sont inhalés, ils atteignent les poumons et provoquent la forme pulmonaire de la maladie. Enfin, la consommation de viande contaminée mal cuite peut entraîner le charbon gastro-intestinal.

À quoi ressemble l'anthrax et d'où vient-il ?

L'anthrax est invisible et inodore. Ses bactéries vivent dans le sang de certains animaux, et à la mort de l'animal se transforment en spores que seul un microscope grossissant plus de 100 fois permet de voir. Il en faut en inhaler environ 10 000 pour tomber malade. Le bacille du charbon peut théoriquement être isolé et cultivé à partir d'un animal qui en est mort, ou de la terre située à proximité. C'est pourquoi cette maladie peut présenter un danger professionnel pour les travailleurs en contact avec des peaux, des poils, des os, ou de la laine. Les éleveurs, les travailleurs d'abattoir, les trappeurs, les chasseurs, les ouvriers de la fourrure, de la tannerie et du cuir, les vétérinaires, les agriculteurs, qui manipulent des animaux infectés risquent d'être contaminés. Les spores peuvent vivre des années dans le sol et résister à l'humidité, à la chaleur, et aux ultraviolets. L'eau oxygénée et le formol peuvent les tuer.

Comment les bactéries du charbon rendent-elles malade ?

Les bactéries se multiplient avant de passer dans le sang, où elles sécrètent une toxine qui conduit les cellules du système immunitaire à fabriquer des doses mortelles de substances chimiques. Pour qu'une personne soit infectée, il faut toutefois une dose relativement importante : entre 8 000 et 50 000 spores. À titre comparatif, quelques dizaines de virus suffisent pour contracter la variole.

Quels sont les symptômes de la maladie ?

Tout commence par un rhume banal, ce qui rend cette maladie difficile à identifier rapidement. La personne atteinte a d'abord de la fièvre et des douleurs musculaires, suivies d'une baisse de la tension artérielle, et finalement d'hémorragies...

L'anthrax cutané se manifeste par des lésions inflammatoires noires. Le plus souvent, cette forme guérit spontanément. Dans le cas du charbon gastro-intestinal, les symptômes apparaissent habituellement quelques jours après la consommation de viande contaminée ; ils consistent en des douleurs abdominales, de la fièvre, des nausées et la diarrhée.

Pour confirmer un diagnostic de charbon il faut un examen de sang. Cette analyse révèle la présence du bacille ou l'augmentation des anticorps correspondants.

L'anthrax peut-il être traité ?

Oui, avec des antibiotiques, à condition que ces derniers soient pris avant les premiers symptômes. Sinon, la quantité de toxine sécrétée dans le sang par les bactéries devient trop importante, et la mort survient deux ou trois jours après les premiers symptômes. Le seul vaccin qui soit disponible, aux États-Unis, l'est en quantité limitée, et réservé à l'armée.

Combien de temps faut-il pour que la maladie se déclare ?

Dix jours environ, mais cela peut parfois prendre jusqu'à six semaines.

Le charbon est-il contagieux ?

Non. La transmission du charbon d'une personne à une autre n'a jamais été constatée.

Des terroristes peuvent-ils utiliser des virus pour contaminer l'air ou l'eau ?

Les virus, sauf les virus respiratoires comme celui de la grippe par exemple, ne peuvent pas se transmettre par aérosol. Pour les virus respiratoires, la transmission ne peut se faire qu'à courte distance. Elle nécessite un support physique (gouttelette, poussières) et une concentration suffisante. Les virus enveloppés (virus grippaux, VIH) sont sensibles aux rayons ultraviolets solaires, à la température, à la sécheresse ou à l'humidité excessive. Les virus ne se transmettent pas par l'eau, hormis ceux qui sont responsables de diarrhées et les virus de l'hépatite A ou E, cette transmission ne peut se produire qu'avec des eaux non traitées. Les autres virus, et notamment ceux qui possèdent une enveloppe, ne persistent pas dans l'eau.

Quelles armes biologiques faut-il craindre ?

La gamme des possibilités est très vaste. Elle va des parasites capables de faire dépérir des cultures aux virus génétiquement modifiés, susceptibles de déclencher chez l'homme une maladie incurable. Une chose est sûre, l'arme bactériologique est potentiellement bien plus dangereuse, en terme de nombre de victimes, qu'une explosion nucléaire.

En cas d'utilisation d'armes chimiques ou biologiques, existe-t-il un plan national d'alerte ?

En France il s'agit du plan Biotox, qui organise tout à la fois la surveillance pour prévenir un acte terroriste de ce type, et la gestion des secours en cas d'attaque avérée.

Lexique

Agent orange

Herbicide défoliant (dit « 2-4-5-T »), utilisé par l'armée américaine au Vietnam de 1961 à 1975. D'autres herbicides ont été utilisés (agents blanc et bleu), qui auraient provoqué de nombreux cancers.

Agents suffocants et hémotoxiques

Le chlore, le phosgène, l'acide cyanhydrique ou le Zyklon-B.

Agents vésicants

L'ypérite et la léwisite, par exemple.

Al Hakam

Centre de guerre biologique et bactériologique irakien, situé 70 kilomètres au sud-est de Bagdad. Ces installations sont soupçonnées fabriquer des armes bactériologiques sous le couvert d'une activité agroalimentaire.

Alibek

Ken Alibek, de son vrai nom Kanatjan Alibekov : ce chercheur d'origine Kazakhe – aujourd'hui réfugié aux États-Unis – fut l'un des piliers du programme soviétique de guerre bactériologique. D'abord directeur du Centre de Stepnogorsk en 1987, puis en 1988 directeur adjoint de l'Institut Biopreparat. Il fit défection en 1992 et se réfugia aux États-Unis, près de Washington, travaillant pour une entreprise sous contrat avec le département de la Défense.

Anthrax

Également connu sous le nom de maladie du charbon.

Armes bactériologiques

Elles font appel à des micro-organismes (bactéries, virus, champignons, rouilles, moisissures) dont certains peuvent être pathogènes pour l'homme. Les maladies les plus à craindre en cas de guerre biologique correspondent à des agents très résistants, qui peuvent être véhiculés par l'eau, les poussières ou les animaux, en conservant un pouvoir pathogène élevé (charbon, peste, morve, tularémie, choléra, fièvre jaune, psittacose, typhus, rickettsies).

Armes biologiques

Elles sont à base de toxines élaborées par certains micro-organismes, utilisées pour provoquer la maladie ou la mort des êtres vivants attaqués. Elles sont extrêmement toxiques, faciles à produire et peu coûteuses. Elles sont surtout basées sur des toxines comme la toxine botulique (intoxications alimentaires). Le génie génétique (greffe de gènes de toxines nouvelles sur des bactéries) ouvre des perspectives inquiétantes. Mais les résultats actuels sont incertains, les germes pouvant disparaitre rapidement ou provoquer au contraire une épidémie incontrôlée. Leur délai d'action étant d'au moins quelques jours, elles sont inaptes à un emploi militaire tactique. On redoute plus l'utilisation terroriste que militaire.

Armes chimiques

Les armes chimiques n'utilisent pas des gaz, mais des liquides volatils dont les vapeurs sont très toxiques. Cette définition exclut les substances chimiques telles que explosifs, fumigènes ou substances incendiaires, dont l'action principale est physique (brûlures, suffocation, aveuglement). On les classe en trois grandes catégories selon le degré et la nature de leur toxicité. Cette classification permet de différencier les agents de guerre chimique en fonction de leurs effets : produits irritants, neutralisants, incapacitants. Les armes létales sont elles-mêmes subdivisées en plusieurs types : suffocants (qui agissent sur le système pulmonaire, à base de chlore ou de phosgène), vésicants (action irritante sur la peau avec formation de vésicules, comme l'ypérite – gaz moutarde – ou la lewiste, et les neurotoxiques (qui bloquent la transmission de l'influx nerveux, et sont des dérivés d'insecticides dits organophosphorés). Ces derniers se répartissent en deux groupes : agents G (sarin, tabun, soman) qui agissent plus rapidement que le gaz moutarde, mais sont moins persistants. les agents V (VG, VX...) plus toxiques et plus persistants.

Aum Shinrikyo

Secte religieuse japonaise, qui s'est distinguée en perpétrant en mars 1995 un attentat au gaz sarin dans le métro de Tokyo, qui fit 12 victimes. Elle tenta également à plusieurs reprises des actions biologiques et bactériologiques qui échouèrent.

Bacillus anthracis

Nom scientifique du bacille de l'anthrax.

Bactérie

Microbe unicellulaire à noyau (on distingue les bacilles, les vibrions, etc...) provoquant des maladies telles que l'anthrax, la peste, ou la tularémie. Bien que de nombreuses bactéries pathogènes soient vulnérables aux antibiotiques, certaines souches sont résistantes. Les bactéries peuvent croître dans un milieu de croissance artificiel utilisant des installations similaires à celles de l'industrie de la bière.

Biopreparat

Cet Institut de recherche médicale civile a été créé en 1973... un an après que l'Union soviétique ait signé la Convention internationale sur l'interdiction des armes biologiques. Il était le cœur d'un ensemble de laboratoires de recherche, de terrains d'essais et d'unités de production dispersés sur plus de quarante sites à travers la Russie et le Kazakhstan, donc la pièce maitresse du programme bactériologique militaire de l'ex-URSS. Au plus fort de son activité près de 32 000 personnes travaillaient dans l'un ou l'autre des 18 centres de recherche répartis à travers le pays.

C'est aujourd'hui un centre civil de recherches, mais ses activités restent l'objet de suspicions.

Biotox

Plan français de lutte contre le bioterrorisme, qui a succédé en 2001 au plan Piratox, classé secret-défense.

CDC

Pour « Center for Disease Control and Prevention », situé à Atlanta (Géorgie). C'est un centre international pour la lutte contre les maladies infectieuses, qui emploie 8500 spécialistes en virologie et dispose d'un budget annuel de 2 milliards de dollars. Il est aussi le QG de la surveillance épidémiologique américaine.

Charbon bactérien

Voir anthrax.

Choléra

Maladie épidémique contagieuse provoquée par le vibrion cholérique (*vibrio cholerae*).

Ciprofloxacine

C'est – avec la doxyxycline – l'un des antibiotiques capables de lutter contre le charbon bactérien.

Conférences

De nombreux protocoles et traités ont été signés depuis plus d'un siècle pour interdire la fabrication et l'utilisation des armes chimiques, biologiques et bactériologiques.

• *Conférence de La Haye* (29/7/1899). Les puissances contractantes se sont mise d'accord pour s'abstenir d'employer des projectiles dont le but est de répandre des gaz asphyxiants ou délétères.

• *Traité de Washington* (1922). Il n'est jamais entré en vigueur, la France ne l'ayant pas ratifié en raison de clauses relatives à la guerre sous-marine.

• *Protocole de Genève* (17/6/1925). Il interdit I'emploi à la guerre de « tous gaz asphyxiants, ou de tous autres gaz, liquides, substances ou matériels analogues » ; mais il n'en interdit ni la production, ni la possession. Il n'a pas été ratifié par certains pays (ratification des USA en 1975). La plupart des États (dont la France) se sont réservé le droit d'utiliser les toxiques chimiques si un adversaire éventuel les utilisait en premier contre eux. Il est entré en vigueur le 9 mai de l'année suivante.

• *Convention de Genève* (1972). Elle interdit la mise au point, la fabrication et le stockage des armes biologiques ou bactériologiques. Elle ne prévoit cependant ni contrôle ni vérification. Environ 130 nations l'ont signée à ce jour. Nombre d'États, dont les États-Unis, se réservent le droit, en cas d'attaque au moyen d'armes chimiques, de riposter de la même manière. Recherches et développements restent autorisés : seule la « mise au point à des fins hostiles » est interdite. 113 pays l'ont ratifiée, mais la France (comme la Chine) n'y ont pas adhéré. La France s'interdit cependant (par la loi du 5 mai 1972) toute recherche, mise au point ou fabrication de telles armes. Les États-Unis, qui y avaient déjà renoncé dès 1969, ont détruit leurs stocks devant des experts internationaux. La France ne s'y est officiellement ralliée qu'en 1984. L'absence d'organisme de controle international, la difficulté à distinguer travaux militaires et civils lui enlèvent toute crédibilité.

• *Convention de Paris* (17/1/1993). Elle réaffirme le protocole de 1925, qui constitue la seule règle internationale s'appliquant aux armes chimiques, et relance les négociations de la conférence de Genève concernant un traité visant à obtenir l'interdiction totale des armes chimiques. Pour y parvenir il faut trouver les moyens de garantir une vérification efficace et totale du désarmement, notamment pendant la période de dix ans au cours de laquelle les stocks seront détruits ; tout comme il est nécessaire de contrôler les industries civiles afin d'éviter qu'elles ne produisent de nouvelles armes. Enfin, s'impose la création d'une organisation internationale, efficace, compétente et indépendante, chargée de faire respecter l'interdiction prononcée.

Dengue

Virus provoquant une fièvre hémorragique, transmis par les moustiques Aedes (ou stegomyas).

Dugway

Dugway Proving Grounds, à 130 km au sud-ouest de Salt Lake City, dans l'Utah, est le site américain (U.S. Army) d'essais d'armes chimiques et biologiques. Quelque 328 tests y ont été effectués à l'air libre, en un demi siècle.

Ebola

Voir fièvres hémorragiques.

Edgewood arsenal

Dans l'État du Maryland, entre Boston et Baltimore, c'est une des bases militaires les plus secrètes des États-Unis. Elle fait partie du complexe plus étendu de l'Aberdeen proving ground, terrain d'essai de l'US-Army. Sur cette longue bande de terre de plusieurs dizaines de kilomètres de long bordée par l'Atlantique, l'armée américaine travaille, depuis 1922, à la guerre chimique, et sa mission originelle n'a pas changé : étudier toutes les propriétés des gaz toxiques pour leur trouver des antidotes... mais aussi pour inventer de nouveaux produits encore plus efficaces.

Ergot du seigle

Sclérote d'un champignon parasite et vénéneux des céréales, notamment du seigle (*Claviceps purpurea*), fabriquant une toxine mortelle. Quand le pain est fait avec de la farine contenant de grandes quantités de cette toxine (alcaloïde) cela provoque l'ergotisme (Feu de St-Antoine, Feu Sacré, Mal des Ardents) maladie fréquente au Moyen Âge, et souvent mortelle.

Enzyme

Nom de code du programme soviétique dont l'objectif était de fabriquer de la peste, de l'anthrax, de la tularémie, ou des fièvres hémorragiques de type Ebola.

Epizootie

Maladie contagieuse touchant un grand nombre d'animaux.

Fièvres hémorragiques

Il en existe plusieurs types, provoqués selon les cas par des filovirus (Ebola, Marbourg), des arenavirus (fièvre de Lassa), des bunyavirus (fièvre hémorragique du Congo, fièvre de la vallée du Rift), ou des flavivirus (dengue, fièvre jaune, fièvre hémorragique d'Omsk). Les symptômes sont identiques : après une période d'incubation de 4 à 16 jours, la maladie démarre brusquement par une forte fièvre, et des maux de tête, immédiatement suivis de nausées, vomissements et diarrhées.

Les virus Ebola et Marbourg sont les plus connus. Le virus Ebola porte le nom d'une rivière près de la ville de Yambuku, (région de l'Équateur), au Zaïre, où ce micro-organisme fut isolé lors d'une épidémie qui débuta en septembre 1976 à l'hôpital de cette localité (environ 300 morts). Le virus Ebola est endémique au Zaïre, au Soudan, en Centre-Afrique, au Congo, au Gabon, au Nigeria, en Côte d'Ivoire, au Liberia, au

Cameroun et au Kenya. Depuis sa découverte le virus Ebola a provoqué une dizaine d'épidémies, qui se déclenchent brutalement sans que l'on puisse en déterminer la cause. Personne ne connait le « réservoir » de ce virus, ni pourquoi il n'y eut aucune flambée épidémique pendant une décennie entière, de 1979 à 1989. Plus récemment, une épidémie de diarrhée rouge a fait plus de cent morts à Kikwit, à 300 km au sud-ouest de Kinshasa, la capitale zaïroise.

Le virus de Marbourg (identifié pour la première fois dans un laboratoire de Marbourg, en Allemagne, d'où son nom) est arrivé d'Ouganda. Puis des cas se sont déclarés au Zimbabwe, en Afrique du Sud et au Kenya.

Fièvre Q

Bien que cette maladie n'ait pas un taux de mortalité très élevé, son pouvoir infectieux extrêmement élevé la rend redoutable : avec deux douzaines d'œufs et des connaissances techniques du niveau de l'école secondaire, un terroriste pourrait concocter un demi-litre d'organismes de cette fièvre Q, représentant des milliards de doses.

Fort Detrick

(Ou USAMRIID : Army Medical Research Institute of Infectious Diseases). Autrefois « Camp Detrick ». Centre américain de recherches d'armes biologiques, situé à la périphérie de la ville de Frederick, Maryland. Le centre couvre 530 hectares, dans une vallée près de la résidence présidentielle de Camp David, à 50 kilomètres de la capitale fédérale. Jusqu'à ce que le président Nixon s'oppose à la guerre biologique en 1968, Fort Detrick fut le principal centre de recherche et de développement en armes bactériologiques.

Fries

Amos Fries fut responsable du premier programme de guerre bactériologique américain.

Gaz moutarde

Autre nom de l'ypérite, utilisée pour la première fois en 1917. À base de sulfure d'éthyle dichloré.

Gruinard

Petite île située au nord-ouest de l'Écosse, où les Anglais procédèrent à des tests de dispersion du bacille du charbon en 1941. L'expérience était si secrète que ce bacille était alors désigné par une simple lettre de code : « N ». L'île fut interdite d'accès pendant un demi siècle, jusqu'à sa décontamination en 1990. En octobre 1981 des protestataires ont affirmé avoir prélevé de la terre infectée par l'agent du charbon bactéridien dans l'île Gruinard, et menacé de la déposer devant les installations d'armes chimiques et biologiques britanniques, de Porton Down...

Haber

Fritz Haber : chimiste et industriel allemand, organisateur en 1915 de la première grande bataille chimique de l'histoire, à Ypres.

Lacrymogènes

Gaz utilisés contre les manifestations de rue, et en moindre concentration dans les « bombes » lacrymogènes d'auto-défense du commerce. Ces gaz sont à base d'éléments halogénés, et dangereux en espace confiné. Ils provoquent irritation des yeux avec larmoiement, hypersécrétion nasale, sensation de brûlure au niveau du nez et de la gorge, toux, éternuements. Le plus connu est le « CB » (chlorobenzilidène-malonitrite). Il existe également le « CN » et le « CS ».

Légionellose

Variété de pneumonie due à la bactérie *Légionelle Pneumophila*, identifiée pour la première fois en 1976 après une atteinte massive parmi des vétérans de l'American legion, réunis en congrès à Philadelphie.

Marbourg (virus)

Voir fièvres hémorragiques.

Mirzaïanov

Vil Mirzaïanov est un chercheur russe inculpé en octobre 1992, après un article de presse dans lequel il affirmait que la Russie continuait de produire des armes chimiques au mépris des accords internationaux. Il fut arrêté le 6 janvier 1994, après avoir refusé de se présenter devant le tribunal où devait se tenir son procès à huis clos. Remis en liberté conditionnelle le 23 février. Le 11 mars le Procureur général annonçait l'abandon du procès pour « absence de délit ».

Mycotoxines

Toxines secrétées par certains champignons. Il en existe de nombreuses variétés : les tricothécéniques proviennent du maïs, l'aflatoxine des arachides, et le ricin de la fève de ricin.

Neurotoxiques organophosphorés

Ils peuvent être fabriquées à partir de « précurseurs » ingrédients chimiques classiques utilisés pour les fabrications d'engrais, de colorants ou d'insecticides.

Obolensk

Nom de code « V-8724 ». Situé dans une zone boisée à 80 kilomètres au sud-ouest de Moscou, c'est l'un des grands centres de recherche soviétique, puis russe, de guerre bactériologique. Il emploie actuellement 1125 scientifiques et techniciens, mais il y eut jusqu'à 4000 employés à l'époque soviétique. La plupart des 90 bâtiments du centre sont inachevés, et de nombreux laboratoires abandonnés. Dans ce centre quelque 2000 souches de microbes pathogènes différents (notamment anthrax et tularémie) sont entreposés.

Organophosphorés

Ces produits appartiennent à une famille chimique dans

laquelle se rangent les plus redoutables gaz de combats actuels, dits innervants. Entrent dans cette catégorie les agents « G » (sarin, tabun, soman), dont les effets sont plus rapides que le gaz moutarde, mais moins persistants et les agents « V » (VX, VG) très toxiques et persistants.

Peste

Maladie infectieuse et contagieuse due au bacille de Yersin (*Yersinia pestis*), identifié par le Dr Alexandre Yersin en 1894, et transmis par des puces. Il en existe deux variétés : la peste bubonique (ganglion ou bubon infecté dans la région de la piqûre de puce porteuse du bacille) et la peste pneumonique. Si elle est traitée à temps la peste est aujourd'hui guérissable, avec un faible taux de mortalité, mais en l'absence de traitement la mort est probable.

Phosgène

Gaz de combat mis au point pendant la Première Guerre mondiale, combinaison de chlore et d'oxyde de carbone.

Pine Bluff Arsenal

Principal entrepôt de munitions chimiques de l'armée américaine, dans l'Arkansas (avec le Tooele Army Depot en Utah).

Piratox

Ce plan, revu en 1999, a été rebaptisé Biotox dans la foulée des attentats du 11 septembre 1999. Renforce les règles de sécurité pour le transport et la manipulation des produits biologiques, qui sont placés sous haute surveillance.

Pluie jaune

Nom donné à des aérosols chargés de toxines du champignon fusarium (ou toxine « T2 », trichocétène), utilisées dans les années 1980 dans le sud-est asiatique. La « pluie jaune » qui fit des ravages au Yémen, au Laos, au Cambodge et en Afghanistan.

Rabta

Site d'implantation, à 50 km au sud-ouest de Tripoli, de l'usine pharmaceutique « Pharma-50 », soupçonnée être un centre de production lybien d'armes chimiques et biologiques.

Rajshneeshee

Secte américaine responsable d'une série d'intoxications alimentaires aux États-Unis, en Oregon, en 1984.

Ricin

Plante dont les graines toxiques fournissent une huile. Sa toxicité est cependant mille fois inférieure à celle de la toxine botulinique, de sorte qu'il ne serait pas très efficace pour la destruction de masse. Cet agent a cependant déjà été utilisé pour éliminer physiquement certaines personnes : à l'automne 1978 les services secrets bulgares ont ainsi assassiné à Londres Georgi Markov, et à Paris Vladimir Kostov, des compatriotes transfuges, à l'aide d'un parapluie muni d'une seringue hypodermique contenant de la ricine. Autre cas : à Oakland, en Californie, l'officier de police Marcus Foster fut mortellement touché en 1973 par une balle trempée dans du ricin, tirée par un membre d'une organisation politique extrémiste.

Rickettsie

Micro-organisme intermédiaire entre les virus et les bactéries. Cet agent de certaines maladies contagieuses, comme le typhus, ou la fièvre Q, a la forme et la structure des bactéries, mais il a également besoin de tissus vivants pour croître.

Salman Park

Centre de recherche irakien dévolu à l'armement chimique et biologique, et situé tout près de Bagdad. Des microbiologistes y travaillent sur diverses maladies contagieuses.

Salmonella

Bactéries généralement en cause dans les intoxications alimentaires, déjà utilisées par des groupes terroristes.

Samarra

Principal site irakien de production d'armes chimiques, situé 80 km au nord-ouest de Bagdad.

Sarin

Ce n'est pas un gaz, mais un liquide très volatil (de la classe des organophosphorés), qui s'évapore facilement. Synthétisé pour la première fois dans les années 1940 par un chimiste allemand qui cherchait à fabriquer un nouvel insecticide, il dérègle la production d'une substance (acéthylcholine) assurant les contractions musculaires ; tous les muscles se bloquent alors en contraction, d'où tétanie, avec paralysie respiratoire et cardiaque. La mort survient généralement par asphyxie en quelques minutes. Du sarin à concentration de seulement 1/10 g par m^3 pendant une minute tue une personne sur deux dans les dix minutes qui suivent.

Serguiev Posad

Ce centre de recherche sur les armes biologiques est situé à proximité du célèbre monastère de Zagorsk.

Shiro

Ishii Shiro, chirurgien militaire, directeur du Centre « 731 ». À partir de 1937, en Mandchourie, il se livra à des expérience de guerre biologique sur des animaux et des prisonniers, à qui furent inoculés des virus et des bactéries de maladies infectieuses. Ce centre fut détruit par les Japonais en 1945.

Stepnogorsk

Ce fut l'un des plus grands centres de guerre biologique de l'ex-URSS. Il a eu pour nom de codes Makinsk-2, Tselinograd-25, et Aksu. Il se situe à 200 km au nord d'Astana, nouvelle capitale du Kazakhstan, et à 9 km de la ville de Stepnogorsk (ex-Tselinograd). Après l'accident de Sverdlovsk, la production du « Kombinat-19 » y fut transférée. Sur 200 hectares, ce site comprend 25 bâtiments où 750 personnes environ travaillaient en 1991. Le Kazakhstan a signé en décembre 1996 un accord avec les États-Unis pour démanteler les installations.

Sverdlovsk

(Aujourd'hui Ekaterinbourg). Près de cette ville, située à l'est de l'Oural, le « Kombinat-19 » est le site militaire de production de germes pathogènes destinés à la guerre biologique. Une fuite accidentelle s'y produisit en avril 1979, provoquant une centaine de décès dans les environs immédiats.

Syndrôme du Golfe

Ensemble de pathologies non identifiées qui ont touché 40 000 anciens combattants américains et 500 Britanniques ayant participé au Koweit et en Irak à l'opération « Tempête du désert » en 1991. Quelques cas suspects sont également à signaler chez les Français. Diverses hypothèses ont été avancées, notamment l'injection de vaccins non testés ou incompatibles entre eux, censés protéger ces soldats d'une éventuelle attaque chimique ou bactériologique.

Toxines

Composés chimiques fabriqués par des microbes (diphtérie, tétanos, botuline), des plantes (ricin, curare, amanitine), des animaux, notamment des batraciens (tétrodoxine et batrachotoxine venant de grenouilles venimeuses) ou encore certains coquillages (saxitoxine). Elles sont parfois classées comme agents chimiques, mais la Convention de 1972 les place avec les agents biologiques.

Produire de grandes quantités de telles toxines nécessite plus de temps qu'avec des agents biologiques. Il existe aussi des toxines d'origine purement chimique (cyanure, arsenic). La dose mortelle (exprimée en millième de mg) est très variable :

0,00001 pour la botuline, 0,0001 pour le tétanos, 0,0005 pour le ricin, 0,2 pour le venin de scorpion africain, 0,5 pour le tétanos, 25 pour le curare et 400 pour l'arsenic.

De tous les poisons naturels existant sur notre planète, il en existe peu qui soient aussi meurtriers que la toxine botulique, sécrétée par la bactérie *Clostridium botulinum*, qui vit dans le sol et peut contaminer les aliments. C'est elle qu'on trouve dans les conserves avariées ou mal stérilisées, lorsque la cuisson préalable a été insuffisante pour tuer les spores. Libérées, les bactéries prolifèrent alors en sécrétant leur toxine. Les symptômes sont d'abord une sensation de vertige et de la fatigue et de violents maux de tête. Puis la vue se trouble et les muscles respiratoires se contractent. À défaut d'une trachéotomie pour libérer les voies respiratoires, la mort par asphyxie survient en une heure. La toxine botulique est classée parmi les armes de combat biologiques, comme l'anthrax, également provoqué par un organisme vivant. Ce n'est pas la bactérie elle-même qui tue, mais le produit chimique qu'elle sécrète. L'attentat contre le chef SS Reinhardt Heindrich par les services secrets britanniques, durant la Seconde Guerre mondiale, fut réalisé par une grenade chargée à la toxine botulique. La toxine botulique est secrétée par *Clostridium botulinum* (germe présent dans certaines conserves mal stérilisées) et provoque une paralysie des muscles respiratoires.

Parmi les toxines naturelles (biotoxines) citons le ricin, un poison extrait du castor (qui est 100 fois plus meurtrier que le venin de cobra!) et la tétrodotoxine, poison tiré du foie d'un poisson, le fugu, dont raffolent les Japonais.

Tularémie

Maladie infectieuse de certains lapins, due au microbe *pasteurella tularensis*, et transmissible à l'homme.

Variole

Maladie virale, infectieuse et hautement contagieuse (*Pox virus*). Éradiquée depuis 1979, la variole reste la principale menace d'arme bactériologique.

Vektor

Nom de code d'un des programmes de recherches soviétiques sur la guerre bactériologique. Il avait notamment conduit à préparer un stock de 20 tonnes de poudre déshydratée et congelée, contaminée par le virus de la variole, stockée dans des bunkers près des silos de missiles. Les Soviétiques avaient programmé l'envoi de ce virus sur les États-Unis, car ce pays étant situé sur un continent différent il paraissait exclu que le virus revienne à l'envoyeur... D'autres agents furent placés dans des têtes de missiles, chacune renfermant 50 kg de matière bactériologique, soit 100 à 400 têtes. Les ogives étaient dotées d'un système spécial de refroidissement pour conserver les virus actifs pendant la rentrée dans l'atmosphère. Ensuite la charge descendait en parachute et à une certaine altitude se séparait en multiples fragments en forme d'œufs de la taille d'un petit melon, partant dans toutes les directions, avant de s'ouvrir à basse altitude pour larguer leurs virus mortels, invisibles. Il y avait de quoi frapper une centaine de grandes villes américaines en combinant la peste noire et la variole, avec des effets qui auraient été finalement plus terribles que ceux d'une attaque nucléaire ! On ne sait pas ce que sont devenues ces têtes. Ni même si les missiles destinés à les lancer sont toujours fiables. Le gouvernement russe n'a pas dit que ces charges avaient été détruites.

Virus

Ces micro-organismes de très petite taille (100 fois plus petits que les bactéries, et visibles seulement au microscope électronique) ne contiennent qu'une seule molécule d'acide nucléique. Ils peuvent infecter tout à la fois des animaux, des cultures et des humains. Les virus ont besoin de tissus vivants pour croître et se multiplier. Ils peuvent, par ailleurs, muter naturellement, ou être génétiquement modifiés afin d'accroître leur pouvoir infectieux.

Vozrozhdeniye

(Ou « Aralsk-7 ») Centre soviétique de test d'armes biologiques à ciel ouvert, situé sur une île dans la partie sud de la mer d'Aral. Ont été testé là les agents infectieux sortis des laboratoires du programme soviétique de guerre bactériologique. Ce site est aujourd'hui abandonné.

Yersin

Alexandre Yersin (1863-1943) : biologiste suisse d'origine française. Il fut directeur de l'Institut Pasteur en Indochine, et découvrit le bacille de la peste.

Ypérite

Gaz asphyxiant à base de chlore utilisé pour la première fois en avril 1915 près de Ypres (Belgique), d'où son nom.

Sites impliqués dans l'armement chimique et bactériologique

CENTRES DE RECHERCHE

ÉTATS-UNIS

- Edgewood (Maryland) (Chimie).
- Fort Detrick. Frederick (Maryland) (Biologie-bactériologie).

RUSSIE

- Serguiev Posad (Russie). Près de Moscou.
- Obolensk. (Biologie-bactériologie) (100 km au sud de Moscou).
- Kirov (Oural).
- Ekaterinbourg-ex-Sverdlovsk (Russie) (Biologie-bactériologie).

IRAK

- Samarra (Chimie). 80 km au nord-ouest de Bagdad.
- Salman Park (Biologie-bactériologie). Environs de Bagdad.
- Al-Hakam (Biologie-bactériologie) 70 km au sud-ouest de Bagdad.

GRANDE-BRETAGNE
- Porton down (Wiltshire).

ALLEMAGNE
- Heeresversuchstelle (Lande de Luneberg).

CANADA
- Suffield (Ontario).

ISRAËL
- Tel Aviv. Institut Weizman.

USINES (production, assemblage, stockage, destruction)

ÉTATS-UNIS
- Newport (Indiana).
- Pine Bluff arsenal (Arkansas).
- Redston arsenal, Hunstville (Alabama). Site transformé.
- Muscle Shoals, Wilson dam (Alabama) nord-ouest. Usine fermée.
- Denver (Colorado). Arsenal des montagnes rocheuses.
- Johnston Island. Pacifique. Archipel des Marshall. Activité intense.

RUSSIE
- Chapaievsk (Russie). Près de Kouibichev. Site important.
- Omutninsk (Russie). Entre Ekaterinbourg et Moscou.
- Berdsk (Russie). Près de Barnaul.
- Stepnogorsk (Kazakhstan). Près de Karaganda.

LYBIE
- Rabta ou « Pharma-1500 ». 50 km au sud de Tripoli.
- Tarhuna ou « Pharma-300 ». 60 km au sud-est de Tripoli.

GRANDE-BRETAGNE
- Nancekuke (Cornouailles).

FRANCE
- Toulouse (environs).
- Pont de Claix (près de Grenoble).

ALLEMAGNE
- Munsterlager. Site abandonné.
- Dyrenfurth (près de Breslau-Wroclaw). Démontée par les Soviétiques en 1947 et reconstruite dans l'Oural.
- Falkenhagen (près de Furstenberg s/Oder, au sud-est de Berlin.

TERRAINS D'ESSAIS

ÉTATS-UNIS
- Fort Mc Clellan. Près de Anniston (Alabama).
- Dugway (Utah). Près de Salt lake city.

FRANCE
- Beni-Ounif (Sahara algérien). Près de Figuig. Site détruit.

RUSSIE
- Shikany. Près de Volsk.
- Île Vozrozhdenyie, en mer d'Aral (Kazakhstan). Site abandonné.

GRANDE BRETAGNE
- Île Gruinard (Ecosse). Site décontaminé.

CANADA
- Ralston (Alberta).

ALLEMAGNE
- Raubkammer (12 000 ha). Site abandonné.

Pour en savoir plus

Quelques sites où l'on peut trouver de l'information sur les armes biologiques et bactériologiques

L'Institut Pasteur propose un dossier clair :
www.pasteur.fr/pasteur/bioterrorisme.html

L'Organisation mondiale de la santé (OMS) explique les risques et les mesures à prendre :
www.who.int/emc

Le site du gouvernement français présente le plan Biotox :
www.premier-ministre.gouv.fr

L'Agence française de sécurité sanitaire des produits de santé (AFSSA) présente le plan Biotox (à l'usage des médecins) :
www.afssaps.sante.fr/

Le département américain de la santé consacre un dossier complet à la maladie du charbon (anthrax, en anglais) :
www.cdc.gov/ncidod/dbmd/diseaseinfo/anthrax-g.htm

Étude sur le botulisme en France dans « Le bulletin épidémiologique hebdomadaire » :

www.invs.sante.fr/beh/2001/09/index.html

L'éventualité d'attaques bioterroristes a incité la Commission européenne a rédiger un guide sur l'utilisation des médicaments à utiliser dans cette situation, et les traitements à appliquer en cas de maladie du charbon, de peste, de tularémie, de variole, de fièvre hémorragique et de botulisme. Ce document n'est toutefois pas exhaustif, et les médicaments spécifiés pas tous disponibles dans certains pays membres de l'union, mais c'est un pas important.

http://parmacos.eudra.org

CET OUVRAGE
A ÉTÉ ACHEVÉ D'IMPRIMER
SUR ROTO-PAGE
PAR L'IMPRIMERIE FLOCH À MAYENNE
EN SEPTEMBRE 2002

D. L. SEPTEMBRE 2002. N° D'IMP. 55194.
ISBN 2-7158-1428-3.
935-813-9
Imprimé en France